E. Glanz
Steamboat Springs
Colorado

El autor quiere expresar su profundo agradecimiento a las personas que se indican a continuación por su valiosa colaboración en la elaboración de este libro:

The author remains deeply grateful to the following people for their valuable contribution towards the making of this book:

Biol. Rita M. Alfaro
Prof. Jorge Barquero
Dr. Luis Blas
Sr. Andrés Boza
Sr. Armando Céspedes
Prof. Luis F. Corrales
Sr. Juan C. Crespo
Biol. Isidro Chacón
Lic. Luis H. Elizondo
Sr. Michael Fogden
Sra. Patricia Fogden
Dr. Gordon Frankie
Prof. Luis D. Gómez
Dr. Daniel H. Janzen
Srta. Damaris Jiménez
Ing. For. Quírico J. Jiménez
Sr. Mario Maroto
Prof. Luis J. Poveda
Biol. Roger Sáenz
Biol. Angel Solís
Dr. Alvaro Umaña
Prof. Nelson Zamora

Parques
Nacionales

CostA
—————
RicA

National
Parks

Editor: **Luis Blas Aritio**
Director: **Margarita Méndez de Vigo**
Coordinación: **Teresa Osma**
Diseño: **Alberto Caffaratto**
Traducción: **Susana Heringman**

Edita: ✓ **Incafo S. A.** para la **Fundación Neotrópica de Costa Rica**
© Copyright 1988 ✓ **Incafo S. A.**, Castelló 59, 28001 Madrid

Fotocomposición: **Pérez-Díaz S. A.**, Madrid
Fotomecánica: **Cromoarte S. A.**, Barcelona
Impresión: **Alvi, Industrias Gráficas S. A.**, Madrid
Encuadernación: **Hermanos Ramos S. A.**, Madrid
I.S.B.N.: 84-85389-62-X
Depósito Legal: M-30314-1988

Parques Nacionales

CostA RicA

National Parks

FUNDACION DE PARQUES NACIONALES
FUNDACION NEOTROPICA
THE TINKER FOUNDATION INCORPORATED
BANCO INTERNACIONAL DE COSTA RICA S. A.

EDITORIAL HELICONIA
FUNDACION NEOTROPICA
San José, Costa Rica

MARIO A. BOZA

1988

Contenido
Table of Contents

Introducción

LOS parques nacionales y las reservas equivalentes de Costa Rica protegen lo mejor del patrimonio natural y cultural de la nación. Estas áreas silvestres superlativas conservan un gran número de las 205 especies de mamíferos, 849 de aves, 160 de anfibios, 218 de reptiles y 130 de peces de agua dulce que se han encontrado en el país, y preservan la mayor parte de las aproximadamente 9.000 especies de plantas vasculares que se han identificado, lo que corresponde a casi el 4 por 100 del total de especies de plantas que existen en el mundo. Conservan también casi todos los hábitats existentes, tales como bosques caducifolios, manglares, bosques pluviales, lagunas herbáceas, bosques nubosos, páramos, yolillales, robledales, arrecifes de coral, bosques ribereños y bosques pantanosos. Pero además, el sistema de parques nacionales y reservas equivalentes contiene áreas de interés geológico y geofísico, como volcanes activos, fuentes termales, cavernas y relieves relictos del movimiento de placas tectónicas; histórico y arqueológico, como campos de batalla y asentamientos precolombinos; escénico, como playas y cataratas; y de excepcional importancia conservacionista, como islas donde anidan pelícanos y tijeretas de mar, zonas donde se encuentran los últimos remanentes de los bosques secos mesoamericanos y playas donde se producen grandes arribadas de tortugas marinas.

Los parques nacionales de Costa Rica suministran refugio a diversas especies de plantas y animales que están amenazadas de extinción en el neotrópico, que tienen distribución restringida o que son endémicas en el país. Algunas de estas plantas son árboles grandes como el chiricano, el ojoche, el nazareno, el caoba, el cristóbal y el ron-ron. Algunas de las especies de animales son la danta, el jaguar, el manigordo, el puma, el oso hormiguero gigante u oso caballo, el mono ardilla, el sapo dorado, el cocodrilo, el manatí, la tortuga marina baula, el galán sin ventura y el pinzón de Isla del Coco.

El sistema de parques nacionales y reservas equivalentes de Costa Rica comprende un total de 34 unidades que abarcan unas 573.000 Ha. de superficie, lo que equivale al 11,23 por 100 del territorio nacional. Estas áreas, a causa de la notable diversidad y riqueza biológicas que poseen, se han convertido en una verdadera «meca» para los ecoturistas, los naturalistas y los investigadores que desean admirar y estudiar la exuberancia de la naturaleza tropical costarricense.

Introduction

THE national parks and equivalent reserves of Costa Rica protect the nation's most outstanding natural and cultural heritage. These magnificent wilderness areas provide shelter for most of the 205 species of mammals, 849 species of birds, 160 species of amphibians, 218 species of reptiles and 130 species of freshwater fish which have been discovered in the country, at the same time that they preserve almost all of the approximately 9,000 species of vascular plants that have been identified to date. These plant species make up almost 4% of the total number of plant species known to occur in the world. The protected wilderness areas also assure the conservation of almost all of Costa Rica's diverse habitat types, such as deciduous forest, mangrove swamps, rain forests, herbaceous swamps, cloud forests, paramos, holillo forests, oak forests, coral reefs, riparian forests and swamp forests. Furthermore, the system of national parks and equivalent reserves contains an astounding variety of areas of interest: for the geologist and geophysicist, there are active volcanos, hot springs, caves and relict mountains from plate tectonics setting; for the historian and archeologist, there are battlefields and pre-Columbian settlements; from a scenic point of view, there are cascading waterfalls and sandy beaches; and of vital importance for world conservation, there are island nesting sites for the pelican and magnificent frigatebird, beaches where the huge arribadas of endangered sea turtles take place, and the last remaining fragments of middle American dry forests.

The national parks of Costa Rica provide a refuge for a wealth of plant and animal species that are in danger of extinction in the Neotropical zone, or that have a limited range of distribution, or that are endemic to Costa Rica. Some of these plants are giant trees such as the chiricano, masicaran, purple heart, mahogany, Panama redwood and gonzalo alves. Some of the endangered animal species are the tapir, jaguar, ocelot, cougar, giant anteater, squirrel monkey, golden toad, crocodile, West Indian manatee, leatherback turtle, jabiru and Cocos Island finch.

The Costa Rican network of national parks and equivalent reserves comprises a total of 34 units which cover approximately 573,000 Ha., an expanse that corresponds to 11.23% of the country's territory. Because of their remarkable biological wealth and variety, these wilderness areas have become an authentic place of pilgrimage for ecological tourists, naturalists and scientific researchers who wish to study and admire the tropical exuberance of nature in Costa Rica.

Mapa de Situación

Location Map

COSTA RICA

SITUACION DE LOS PARQUES NACIONALES
LOCATION OF NATIONAL PARKS

10 5 0 10 20 30 40 Km.
Escala

1 – Refugio Nacional de Fauna Silvestre Isla Bolaños
2 – Parque Nacional Santa Rosa
3 – Reserva Biológica Lomas Barbudal
4 – Parque Nacional Palo Verde y Refugio Nacional de Fauna
    Silvestre Dr. Rafael Lucas Rodríguez Caballero
5 – Refugio Nacional de Vida Silvestre Tamarindo
6 – Parque Nacional Barra Honda
7 – Refugio Silvestre de Peñas Blancas
8 – Reservas Biológicas de las Islas Guayabo, Negritos
    y de los Pájaros
9 – Refugio Nacional de Fauna Silvestre Ostional
10 – Reserva Biológica Carara
11 – Refugio Nacional de Vida Silvestre Curú
12 – Reserva Natural Absoluta Cabo Blanco
13 – Parque Nacional Manuel Antonio
14 – Reserva Biológica Isla del Caño
15 – Refugio Nacional de Fauna Silvestre Golfito

16 – Parque Nacional Corcovado
17 – Parque Nacional Isla del Coco
18 – Parque Nacional Rincón de la Vieja
19 – Parque Nacional Volcán Poás
20 – Parque Nacional Braulio Carrillo
21 – Parque Nacional Volcán Irazú
22 – Monumento Nacional Guayabo
23 – Refugio Nacional de Fauna Silvestre Tapantí
24 – Parque Nacional Chirripó y Parque Internacional
    de La Amistad Costa Rica-Panamá
25 – Reserva Biológica Hitoy-Cerere
26 – Refugio Nacional de Vida Silvestre Caño Negro
27 – Refugio Nacional de Fauna Silvestre Barra
    del Colorado
28 – Parque Nacional Tortuguero
29 – Parque Nacional Cahuita
30 – Refugio Nacional de Vida Silvestre Gandoca-Manzanillo

Refugio Nacional de Fauna Silvestre
Isla Bolaños
National Wildlife Refuge

La isla Bolaños fue declarada refugio de fauna silvestre con el propósito de proteger colonias reproductivas de pelícanos (Pelecanus occidentalis), ostreros americanos (Haematopus palliatus) y tijeretas de mar (Fregata magnificens). Los machos de esta última especie, durante el período de celo, tratan de atraer a las hembras hinchando su saco bucal, que es de un color rojo intenso.

Bolaños Island was declared a national wildlife refuge to protect the nesting colonies of brown pelicans (Pelecanus occidentalis), American ostyercatchers (Haematopus palliatus) and frigatebirds (Fregata magnificens).
During the mating season, the males of the latter species try to attract the females by blowing up their bright red throat pouches.

L A isla Bolaños es un peñón de 81 m. de altura, de forma ovalada y de topografía irregular, que se localiza a 1,5 km. de la costa de punta Descartes.

La vegetación está formada por un matorral achaparrado muy denso y difícil de penetrar, de unos 2 m. de alto, que crece sobre un suelo muy rocoso. Este matorral, que pierde totalmente las hojas durante la estación seca, está constituido principalmente por paira *(Melanthera nivea)*. De esta vegetación sobresalen árboles de mediana altura, principalmente de flor blanca *(Plumeria rubra)*, alfajillo *(Trichilia hirta)* e higuerón de corona *(Ficus ovalis)*. Esta última especie puede alcanzar gran tamaño cuando crece en buenos suelos, y puede producir unos 800.000 frutos de color rosado a rojo, esféricos, de 9-15 mm. de diámetro, muy apetecidos por las aves. Otras especies de árboles presentes son el indio desnudo *(Bursera simaruba)* y el madroño *(Calycophyllum candidissimum)*. El bejuco leñoso *(Arrabidea corallina)* forma marañas densas sobre las cuales anidan las aves. En algunas partes de la costa se observan pastos creciendo entre las rocas.

Bolaños es de especial importancia para la conservación de aves marinas, por cuanto protege una de las pocas áreas que se conocen en el país donde anidan colonias de pelícanos pardos *(Pelecanus occidentalis)*, y es la única hasta ahora descubierta en la que anidan tijeretas de mar *(Fregata magnificens)* y ostreros americanos *(Haematopus palliatus)*. Dos subcolonias de pelícanos han sido observadas en la parte N. de la isla, donde anidan en total de 150 a 200 hembras. La colonia de tijeretas de mar está constituida por unos 200 individuos que anidan en los farallones de la parte SO. de la isla, a unos 30-40 m. sobre el nivel del mar, y sobre árboles de alfajillo. La elección de estos puntos aéreos de nidificación para esta especie es más un imperativo anatómico que una protección, debido a que estas aves, por poseer cuerpo pequeño, patas exiguas y alas y cola larguísimas, están obligadas a posarse en puntos altos para poder lanzarse al vacío y emprender el vuelo.

La observación de las tijeretas de mar durante el cortejo es un espectáculo extraordinario: tras construir el nido, el macho se instala sobre éste y trata de atraer a la hembra inflando su buche como un globo. Esta especie de bolsa es de un bellísimo color rojo intenso, y su exhibición va acompañada de movimientos y cantos muy particulares. El período de nidificación para esta especie, al igual que para los pelícanos, coincide con la estación seca.

Aparte de las especies mencionadas, en la isla existen urracas copetonas *(Calocitta formosa)*, zopilotes negros *(Coragyps atratus)*, garrobos *(Ctenosaura similis)* y algunos murciélagos. Los garrobos, que son muy abundantes, se alimentan de huevos y, al igual que los zopilotes, de los restos de pescado que dejan caer los polluelos de pelícanos y tijeretas.

La isla presenta una playa de arena blancuzca en su extremo E., donde se observan gran cantidad de conchas de caracoles y almejas. Durante la marea baja es posible dar la vuelta a la isla, aunque la costa sea angosta y peligrosa. Esto permite no sólo admirar la belleza escénica del sitio, sino también observar diversas especies de cangrejos tales como el de tierra *(Gecarcinus quadratus)* que sobresale por su gran tamaño y sus atractivos colores rojo y azul violáceo. El mar que la rodea es de aguas muy azules y transparentes, muy rico en peces, y a menudo se encrespa por la acción del viento que durante la estación seca sopla del NE. en forma casi constante.

La zona es una de las más secas del país, con menos de 1.500 mm. de precipitación anual.

BOLAÑOS Island is a rugged, oval-shaped rocky mound, 81 meters high, located 1.5 km. off the coast of Descartes Point.

The vegetation is made up of stunted forest that is very thick and difficult to penetrate. It grows about 2 meters high on very rocky soil. The predominant species in this forest, which loses its leaves completely during the dry season, is the paira *(Melanthera nivea)*. Other medium-size trees are mainly frangipani *(Plumeria rubra)*, alfaje *(Trichilia hirta)* and crown fig *(Ficus ovalis)*. The latter species can grow extremely tall when it finds good soil, and it can produce 800.000 sphere-shaped figs that are 9-15 mm. in diameter and pink to red in color, and highly prized by birds. Other tree species that can be found in the refuge are the gumbo-limbo *(Bursera simaruba)* and lemonwood *(Calycophyllum candidissimum)*. The woody vine *(Arrabidea corallina)* forms dense thickets which serve as nesting sites for island birds. Along some parts of the coast, grasses can be seen growing among the rocks.

Bolaños is especially important for the conservation of seabirds. It protects one of the few known nesting sites in the country for the brown pelican *(Pelecanus occidentalis)* and it is the only nesting site to date in Costa Rica for the magnificent frigatebird *(Fregata magnificens)* and the American ostyer-catcher *(Haematopus palliatus)*. Two subcolonies of pelicans have been observed on the northern side of the island where a total of 150-200 females nest. The frigatebird colony is composed of about 200 individuals which nest on alfaje trees and on the southwestern cliffs at a height of 30-40 meters above sea level. The selection of these aerial nesting sites by this species is more a result of anatomical necessity than a search for protection. Because these birds have a small body and tiny feet with very wide wings and an extremely long tail, they cannot perch anywhere but on a high ledge from which they can launch themselves into the air and start flying. Watching frigatebirds when they court each other is an extraordinary experience. After the male builds the nest, he sits on it and tries to attract a female by inflating the pouch under his beak like a balloon. This kind of sac is of a beautiful bright red and when the male puffs it out, he moves and sings in a very unusual way. The nesting period for this species, like the brown pelican, coincides with the dry season.

Besides the species already mentioned, the island is home to the magpie jay *(Calocitta formosa)*, black vulture *(Coragyps atratus)*, ctenosaur *(Ctenosaura similis)* and some bats. The ctenosaurs, which are very abundant, eat eggs and, like the vultures, the remains of fish dropped by the chicks of the pelicans and frigatebirds.

On the island's eastern tip is a white sandy beach where a large number of sea snails and clams can be seen. At low tide it is possible to walk around the island, although the coast is narrow and dangerous. This is a good way not only to admire the scenic beauty of the refuge, but also to observe several species of crabs, such as the red land crab *(Gecarcinus quadratus)* which is especially striking with its bright red and purply blue colors and its large size. The waters that surround the island are transparent blue and teeming with fish, and the surf is often whipped up by the wind, which during the dry season blows almost constantly from the northeast.

The region is one of the driest in the country with less than 1,500 mm. of annual rainfall.

Desembarcar en isla Bolaños resulta fácil por la existencia de una playa arenosa en uno de sus extremos. Llegar hasta la cima, sin embargo, se hace difícil por sus abruptos acantilados.

A sandy beach at one end of the island provides easy access by boat. Climbing up to the top, on the other hand, is made difficult by the island's steep cliffs.

Polluelos de pelícano (Pelecanus occidentalis). *Esta especie es abundante en la isla. Suelen verse sobrevolando, pescando o simplemente reposando en los árboles o sobre el agua.*

Pelican chicks (Pelecanus occidentalis). *There is a large population of this species on the island. The birds can be seen flying overhead, fishing, or simply resting in the trees or on the water.*

Es frecuente encontrar en la costa de la isla, muy cerca de la línea de pleamar, mudas del cangrejo marinero (Grapsus grapsus), *junto con conchas y restos de otros invertebrados marinos.*

Discarded shells of the Sally lightfoot crab (Grapsus grapsus) *can often be found along the coast of the island close to the high tide mark, together with seashells and the remains of other invertebrate marine animals.*

La isla Bolaños es un peñón de topografía irregular, rodeado de un mar muy azul y muy rico en vida marina. La vegetación de la isla está constituida por un matorral achaparrado, del que sobresalen fundamentalmente árboles de mediana altura.

Bolaños Island is a rocky crag surrounded by a deep blue sea that teems with marine life. The vegetation on the island consists of thorn scrub with some trees of medium height.

La colonia de reproducción de pelícanos pardos (Pelecanus occidentalis) de la isla está constituida por unas 200 hembras y es una de las pocas que existen en el país.

The colony of brown pelicans (Pelecanus occidentalis) *that nests on the island consists of about 200 females and is one of the few known to exist in the country.*

Parque Nacional
Santa Rosa
National Park

El manigordo u ocelote (Felis pardalis), considerado como un felino en peligro de extinción, es una de las 115 especies de mamíferos de Santa Rosa. Este parque protege además 253 especies de aves, 100 de anfibios y reptiles y más de 10.000 de insectos.

The ocelot (Felis pardalis), an endangered feline, is one of the 115 species of mammals in Santa Rosa. This park also protects 253 species of birds, 100 of amphibians and reptiles, and over 10,000 of insects.

49.515 Ha.

ES el área de mayor importancia histórica del país; la casona y los corrales coloniales de piedra fueron escenario de la mayor gesta heroica de la historia nacional: la Batalla de Santa Rosa, del 20 de marzo de 1856.

El parque es de importancia fundamental para la protección y restauración de los hábitats de la región climática denominada Pacífico Seco. En la mayor parte de Santa Rosa la lluvia alcanza unos 1.600 mm. y la estación seca dura 6 meses.

Existen en Santa Rosa unos 10 hábitats, incluyendo pastizales o sabanas, bosques deciduos, bosques de encino (*Quercus oleoides*), bosques siempreverdes, manglares —constituidos por cuatro especies de mangle—, pantanos de mezquite-nacascol (*Prosopis juliflora-Caesalpinia coriaria*), bosques ribereños, bosques achaparrados muy espinosos —donde se pueden observar ágaves y cactos— y vegetación de playa. Las sabanas están constituidas por el pasto jaragua (*Hyparrhenia rufa*) —una gramínea introducida de Africa— y por árboles dispersos tales como el roble encino (*Quercus oleoides*), el nance (*Byrsonima crassifolia*), el chumico de palo o raspaguacal (*Curatella americana*), el cornizuelo (*Acacia collinsii*) y el jícaro (*Crescentia alata*). Los bosques deciduos contienen unas 240 especies de árboles y arbustos, incluyendo el guanacaste (*Enterolobium cyclocarpum*) —el árbol nacional—, el indio desnudo (*Bursera simaruba*), el roble de sabana (*Tabebuia rosea*), el chaperno (*Lonchocarpus costaricensis*), el jobo (*Spondias mombin*), el pochote (*Bombacopsis quinatum*), el madroño (*Calycophyllum candidissimum*) y el guácimo (*Guazuma tomentosa*). En los bosques siempreverdes las especies dominantes son el guapinol (*Hymenaea courbaril*), el níspero (*Manilkara zapota*), el encino (*Quercus oleoides*), el tempisque (*Mastichodendron capiri*) y el aceituno (*Simarouba glauca*). El número total de especies de plantas descubiertas hasta ahora en el parque, con exclusión de pastos y ciptógamas no vasculares, es de 750.

La fauna es rica y diversa; se han observado 115 especies de mamíferos —más de la mitad son murciélagos—, 253 de aves, 100 de anfibios y reptiles y más de 10.000 de insectos, incluyendo unas 3.140 especies de mariposas diurnas y nocturnas. Algunos de los mamíferos más conspicuos son los monos congo (*Alouatta palliata*), los monos carablanca (*Cebus capucinus*), los armadillos (*Dasypus novemcinctus*), los venados (*Odocoileus virginianus*), los pizotes (*Nasua narica*), los saínos (*Dicotyles tajacu*) y los mapaches (*Procyon lotor*). El ratón semiespinosa (*Liomys salvini*) es el mamífero más abundante de todos. Algunas de las aves más sobresalientes son la urraca (*Calocitta formosa*), el perico frentianaranjada (*Aratinga canicularis*), la viuda roja (*Trogon elegans*), el soterrey matraquero (*Campylorhynchus rufinucha*), el cargahuesos (*Caracara plancus*), el pavón grande (*Crax rubra*), el gavilán cangrejero (*Buteogallus anthracinus*) y el saltarín colilargo (*Chiroxiphia linearis*).

Las playas Nancite y Naranjo son de gran belleza escénica y constituyen importantes áreas de anidación para tortugas marinas lora (*Lepidochelys olivacea*), baula (*Dermochelys coriacea*) y verde del Pacífico (*Chelonia mydas*); en Nancite se producen las más grandes arribadas de tortugas lora de la América tropical. La playa Naranjo permite una natación agradable en un ambiente totalmente silvestre.

Gracias a su diversidad y riqueza biológicas y a su fácil acceso, Santa Rosa se ha convertido en un importante centro internacional de investigación sobre la ecología del bosque tropical seco. Uno de los descubrimientos más notables e interesantes que ha hecho el Dr. Daniel Janzen, el principal investigador de Santa Rosa, es el de las relaciones entre algunas especies de árboles contemporáneos y la fauna pleistocénica que vivió en la región hace unos 10.000 años. Janzen observó que varias especies de árboles —como el guanacaste o el jícaro— producen miles de frutos comestibles, cantidad mucho mayor que la capacidad de consumo de los animales que las comen. Como resultado de ello, la mayor parte de estos frutos se pudren o son destruidos por depredadores. Janzen considera que tal fenómeno se debe a que estas especies eran dispersadas por los grandes animales que vivían en Costa Rica en esa época, tales como armadillos y perezosos gigantes, caballos, gonfoterios y mamutes.

El parque Santa Rosa y el territorio que se extiende al E., entre la Carretera Interamericana y el lado atlántico de la cordillera de Guanacaste, constituyen el área donde se está desarrollando el proyecto de creación del Parque Nacional Guanacaste. Este proyecto tiene por objeto la creación de un área silvestre de unas 85.000 Ha., tamaño suficiente para mantener a perpetuidad las poblaciones de plantas y animales, y los hábitats del bosque tropical seco que ocuparon originalmente el lugar.

49.515 Ha.

SANTA Rosa is one of the country's most historically significant parks. The ranch house «La Casona» and the stone corrals built in colonial times were the site of one of the most famous battles in the history of Costa Rica: the Battle of Santa Rosa, fought on March 20, 1856. The park is of vital importance for the protection and restoration of the habitats of the climatic zone known as «Dry Pacific». In most of Santa Rosa the rainfall reaches 1,600 mm. and the dry season lasts 6 months.

There are about 10 habitats in Santa Rosa, including grasslands and savannah woodland, deciduous forest, oak forest (*Quercus oleoides*), evergreen forest, mangrove swamp, mesquite-nacascol swamp (*Prosopis juliflora-Caesalpinia coriaria*), riparian forest, strongly deciduous hillside forest of cactus and agave, and littoral woodland. The savannah woodlands are made up of jaragua grass (*Hyparrhenia rufa*), a gramineous plant introduced from Africa, and of a scattering of trees such as oak (*Quercus oleoides*), shoemaker's tree (*Byrsonima crassifolia*), rough-leaf tree (*Curatella americana*), swollen-thorn acacia (*Acacia collinsii*), and calabash (*Crescentia alata*). The deciduous forests have 240 species of trees and shrubs, including the ear tree (*Enterolobium cyclocarpum*), which is the national tree, gumbo-limbo (*Bursera simaruba*), mayflower (*Tabebuia rosea*), dogwood (*Lonchocarpus costaricensis*), wild plum (*Spondias mombin*), spiny cedar (*Bombacopsis quinatum*), lemonwood (*Calycophyllum candidissimum*) and bastard-cedar (*Guazuma tomentosa*). The predominant species in the evergreen forests are locust (*Hymenaea courbaril*), chicle tree (*Manilkara zapota*), oak (*Quercus oleoides*), tempisque (*Mastichodendron capiri*), and bitterwood (*Simarouba glauca*).

There is an incredible wealth and variety of wildlife in Santa Rosa: 115 species of mammals (over half being bats), 253 of birds, 100 of amphibians and reptiles, over 10.000 of insects, including 3.410 species of moths and butterflies. Some of the most frequently seen mammals are the howler monkey (*Alouatta palliata*), white-faced capuchin (*Cebus capucinus*), common long-nosed armadillo (*Dasypus novemcinctus*), white-tailed deer (*Odocoileus virginianus*), white-nosed coati (*Nasua narica*), collared peccary (*Dicotyles tajacu*), and common racoons (*Procyon lotor*). The spiny pocket mouse (*Liomys salvini*) is the most abundant mammal of all. Some of the most attractive birds are the magpie jay (*Calocitta formosa*), orange-fronted parakeet (*Aratinga canicularis*), elegant trogon (*Trogon elegans*), rufous-naped wren (*Campylorhynchus rufinucha*) and crested caracara (*Caracara plancus*). The most conspicuous reptile in the park is probably the ctenosaur (*Ctenosaura similis*) and in the understorey there are numerous boa constrictor (*Boa constrictor*).

The beaches at Nancite and Naranjo are of great scenic beauty and have become important nesting sites for three species of sea turtle: the olive ridley (*Lepidochelys olivacea*), leatherback (*Dermochelys coriacea*) and Pacific green (*Chelonia mydas*). The largest arribadas of olive ridley turtles in all of tropical America take place at Nancite.

Because of the park's enormous biological wealth and variety, together with the ease with which one can reach it, Santa Rosa has become an important international research center for studying the ecology of tropical dry forest. One of the most interesting and remarkable discoveries made by Dr. Daniel Janzen, main researcher at Santa Rosa, is that of the relationships between several contemporary species of trees and the Pleistocene animals which lived in the region some 10,000 years ago. Janzen noticed that several tree species, such as the ear tree and calabash, produce thousands of edible fruits, an amount that is much larger than the capacity of the animals that live on them to eat them. The result is that most of the fruits rot or are destroyed by predatory animals. Janzen believes that this phenomenon is a consequence of these species being dispersed by the large animals that lived in Costa Rica during that time, such as the common giant armadillo, giant sloth, native horses, gomphotheres and mammoths.

Santa Rosa Park, together with the territory that extends to the east between the Pan-American Highway and the Atlantic side of the Guanacaste Mountain Range, is the region where the project to create the Guanacaste National Park is taking shape. The purpose of this park is to establish a wilderness area of 85,000 Ha. which will be large enough to guarantee the continuing existence of the populations of plants and animals and the original, tropical dry forest habitats of the region.

Las sabanas o pastizales de Santa Rosa semejan lagos de oro durante la estación seca, como vemos en la fotografía de la derecha. Durante la estación lluviosa, por el contrario, este bosque se cubre de verdor, adquiriendo así una vivacidad que contrasta notablemente con la melancólica belleza que muestra durante la estación seca.

The savannah woodland in Santa Rosa looks like a lake of gold during the dry season, as can be seen in the photograph to the right. During the rainy season, however, this forest is dressed in lively green colors that contrast sharply with the melancholy beauty it displays at other times of the year.

La casona de Santa Rosa y los corrales coloniales de piedra en su vecindad, constituyen el escenario de la gesta heroica más importante de la historia patria: la Batalla de Santa Rosa, del 20 de marzo de 1856.

The ranch house and neighboring stone corrals, built during colonial times, were the site of the most important heroic feat of the Costa Rican people: the Battle of Santa Rosa, fought on March 20, 1856.

El chocuaco (Cochlearius cochlearius) *es una especie típica de manglares y de bosques ribereños (arriba, izquierda). El carablanca (Cebus capucinus) es la especie más abundante de las tres de monos que existen en el parque (arriba, derecha). En la playa Nancite tiene lugar, particularmente en septiembre y octubre de cada año, las más grandes arribadas de tortugas lora (Lepidochelys olivacea) de la América tropical.*

The Northern boat-billed heron (Cochlearius cochlearius) is a typical species of the mangrove swamps and riparian forests (above, left). The white-faced capuchin monkey is the most prevalent of the three species of this mammal that live in the park (above, right). Nancite Beach is the site of the largest arribadas in all of Tropical America of the olive ridley turtle (Lepidochelys olivacea), especially during the months of September and October of each year.

27

Al extremo norte de playa Naranjo, *izquierda*, sobre los cerros de la península de Santa Elena, se encuentra el mejor mirador de Santa Rosa. Las cactáceas son comunes en las partes bajas del parque. En la foto, la cactácea más baja es Opuntia elatior. A la derecha, el indio desnudo (Bursera simaruba), uno de los árboles más conspicuos del parque tanto por el color como por la exfoliación de su corteza.

The peaks of the Santa Elena Peninsula on the northern tip of Naranjo Beach, *left*, provide the best look-out points in Santa Rosa. Clumps of cacti commonly grow in the lowlands of the park. In the photograph, the lowest-growing cactus, the Opuntia elatior. To the right, the gumbo-limbo (Bursera simaruba), one of the distinctive trees in the park because of its color and its peeling bark.

Los limpios caminitos de las hormigas zompopas (Atta sexidens) se observan por todas partes en Santa Rosa. Los pedazos de hojas, frutos y otros materiales orgánicos que las obreras transportan son empleados para cultivar hongos, de los cuales se alimenta toda la colonia.

The neat little trails of the leaf-cutting ants (Atta sexidens) can be seen everywhere in Santa Rosa. The pieces of leaves, fruits and other organic materials that the workers carry are used to cultivate mushrooms which feed the entire colony.

Los predadores alados, como este gavilán cangrejero (Buteogallus anthracinus), recorren incansables los cielos de Santa Rosa buscando alimento y cumpliendo con su importante función ecológica: el control de las poblaciones de las especies que constituyen sus presas.

Winged predators, like this common black-hawk (Buteogallus anthracinus), fly tirelessly back and forth across the Santa Rosa skies in search of food and, in so doing, carry out the important ecological task of controlling the populations of their prey.

Lomas Barbudal

Biological Reserve

Las sabanas de Barbudal son áreas abiertas, cubiertas principalmente de pastos y con árboles achaparrados dispersos, abundando el chumico de palo o raspaguacal (Curatella americana). Esta especie, que es resistente a los fuegos, tiene hojas tan ásperas que se usan para pulir madera.

The savannahs of Barbudal are wide, open areas, mainly covered with grasses and here and there a few stunted trees, the most prevalent being the rough-leaf tree (Curatella americana). This species, which resists brushfires, has such rough-grained leaves that they are used for sanding wood.

LOMAS Barbudal es un área muy rica en especies de insectos, particularmente de abejas, avispas —tanto sociales como solitarias— y mariposas diurnas y nocturnas. Se estima que existen unas 230-250 especies de abejas —principalmente de las familias Halictidae, Anthophoridae y Megachilidae— y unas 60 de mariposas nocturnas.

Los vertebrados son también abundantes; se han observado unas 130 especies de aves, incluyendo el zopilote cabecirrojo (*Cathartes aura*), el pavón grande (*Crax rubra*), la lapa roja (*Ara macao*) —que probablemente emigra desde el vecino Refugio de Fauna Silvestre Rafael Lucas Rodríguez— y el curré negro (*Ramphastos sulfuratus*). Entre los mamíferos presentes, los que más frecuentemente puede observar un visitante son los monos congo (*Alouatta palliata*) y carablanca (*Cebus capucinus*), los mapachines (*Procyon lotor*), las chizas (*Sciurus variegatoides*), los armadillos (*Dasypus novemcinctus*), los pizotes (*Nasua narica*) y, ocasionalmente, los venados (*Odocoileus virginianus*).

En Lomas se encuentran siete hábitats diferentes; los más importantes por el área que cubren son el bosque deciduo, que ocupa el 70 por 100 de la reserva, el bosque ribereño, la sabana y el bosque de galería. Otros hábitats presentes son el bosque xerofítico o extremadamente seco —muy rico en cactos y en bromelias terrestres—, el bosque de roble (*Quercus oleoides*) y el bosque en regeneración.

En el bosque deciduo la mayor parte de los árboles pierden sus hojas durante la estación seca. Algunas de las especies más comunes de este bosque son el pochote (*Bombacopsis quinatum*), el indio desnudo (*Bursera simaruba*), el jobo (*Spondias mombin*), el cortez amarillo (*Tabebuia ochracea*), el ron-ron (*Astronium graveolens*), el laurel (*Cordia alliodora*), la canilla de mula (*Licania arborea*) y el malacahuite (*Chomelia spinosa*). Los bosques ribereños se presentan en franja a lo largo de ríos y quebradas, son en su mayoría siempreverdes, se consideran los más densos y diversos del área y son especialmente ricos en abejas solitarias. Algunas de las especies de árboles aquí presentes son el espavel (*Anacardium excelsum*), el guapinol (*Hymanaea courbaril*), el níspero (*Manilkara chicle*), el canelo (*Ocotea veraguensis*), el ojoche amarillo (*Brosimum alicastrum*) y el cocora (*Guarea glabra*). La sabana es un área abierta, cubierta de pastos y con árboles diseminados, principalmente de chumico de palo o raspaguacal (*Curatella americana*) y de nance (*Byrsonima crassifolis*). Algunos de los nances más grandes, tanto en altura como en ancho de la copa, que existen en el país, se encuentran en esta reserva. El bosque de galería, en el cual la tabla de agua se encuentra a poca profundidad, está constituido por una mezcla de especies siempreverdes y deciduas tales como el níspero, el mastate blanco (*Castilla elastica*), el tempisque (*Mastichodendron capiri* var. *tempisque*) y el madroño (*Calycophyllum candidissimum*).

Cuatro especies de árboles que son comunes en Barbudal pero que están amenazadas de extinción en el resto del país son la caoba (*Swietenia macrophylla*), el cristóbal (*Platymiscium pinnatum*), el ron-ron (*Astronium graveolens*) y el cocobolo (*Dalbergia retusa*).

La reserva posee ríos permanentes con pozas excelentes para la natación —como el Cabuyo—, contiene gran cantidad de ojos de agua, la mayoría permanentes, y es en general de gran belleza escénica, particularmente en el mes de marzo, cuando los árboles de cortez amarillo se cubren totalmente de flores amarillas.

La reserva Barbudal constituye el núcleo central de uno de los siete megaparques que se están desarrollando en el país. El proyecto consiste en unir esta reserva con el Parque Nacional Palo Verde, con el Refugio de Fauna Silvestre Rafael Lucas Rodríguez y con otras áreas silvestres vecinas. El propósito de este megaparque es crear un área silvestre de suficiente tamaño como para mantener a perpetuidad las poblaciones de plantas, animales y hábitats del sistema ecológico que existe en la zona.

2,279 Ha.

LOMAS Barbudal is a wildland rich in insect species, especially social and solitary bees and wasps, butterflies and moths. It has been estimated that some 230-250 species of bees, mainly from the Halictidae, Anthophoridae and Megachilidae families, and some 60 species of moths live in the reserve.

Vertebrate animals are also numerous: 130 species of birds have been observed, including the turkey vulture *(Cathartes aura)*, great curassow *(Crax rubra)*, scarlet macaw *(Ara macao)*, which probably migrates from the neighboring Rafael Lucas Rodríguez Wildlife Refuge, and the keel-billed toucan *(Ramphastos sulfuratus)*. Among the mammals, the most frequently encountered are howler monkeys *(Alouatta palliata)*, white-faced capuchin monkeys *(Cebus capucinus)*, common racoons *(Procyon lotor)*, tree squirrels *(Sciurus variegatoides)*, common long-nosed armadillos *(Dasypus novemcinctus)*, white-nosed coati *(Nasua narica)* and occasionally, white-tailed deer *(Odocoileus virginianus)*.

There are seven different habitats in the reserve. The most extensive and hence the most important are the deciduous forests which cover 70% of the reserve, the riparian forests, savannah woodlands and gallery forests. Other habitats are xeromorphic or extremely dry forest which is rich in cactus plants and land bromeliads, oak forests *(Quercus oleoides)* and forest in the process of renewal.

In the deciduous forest most of the trees lose their leaves during the dry season. Some of the most common species in this kind of forest are the spiny cedar *(Bombacopsis quinatum)*, gumbo-limbo *(Bursera simaruba)*, wild plum *(Spondias mombin)*, yellow cortez *(Tabebuia ochracea)*, gonzalo alves *(Astronium graveolens)*, freijo *(Cordia alliodora)*, pigeon plum *(Licania arborea)*, and malacahuite *(Chomelia spinosa)*. The riparian forests grow in strips along the rivers and ravines with a predominance of evergreen species. They are the thickest and most highly varied forests in the region and have an abundant population of solitary bees. Some of the tree species that grow here are the espave *(Anacardium excelsum)*, locust *(Hymenaea courbaril)*, chicle tree *(Manilkara chicle)*, canelo *(Ocotea veraguensis)*, breadnut *(Brosimum alicastrum)*, and cocora *(Guarea glabra)*. The savannah is open terrain covered with grasses and dotted with trees most of which are either rough leaf *(Curatella americana)* or shoemaker's *(Byrsonima crassifolia)*. The latter are some of the largest trees in the country, both in terms of height and of width of the tree-top. The gallery forest, where the water table is very close to the surface, is composed of a mixture of evergreen and deciduous species, such as chicle tree, rubber tree *(Castilla elastica)*, tempisque *(Mastichodendron capiri* var. *tempisque)* and lemonwood *(Calycophyllum candidissimum)*.

Four tree species that grow in abundance in the reserve but that are in danger of extinction in the rest of the country are mahogany *(Swietenia macrophylla)*, Panama redwood *(Platymiscium pinnatum)*, gonzalo alves *(Astronium graveolens)* and rosewood *(Dalbergia retusa)*.

The reserve has year-round rivers with excellent swimming holes, such as Cabuyo, and many springs, most of which do not dry up. Generally speaking, it is a place of great scenic beauty and it is especially beautiful in the month of March when the yellow cortez tree bursts into bloom.

Lomas Barbudal Reserve is the main nucleus of one of the seven megaparks that are being developed in Costa Rica. The project consists of joining this reserve with Palo Verde National Park, Rafael Lucas Rodríguez Wildlife Refuge and other neighboring wildlands. The objective of this megapark is to set aside a sufficiently large area of wilderness where the populations of plants, animals and habitats of the ecological system that exists in the zone maintain themselves forever.

A la izquierda el predador nocturno Ciccaba virgata, difícil de observar en Lomas Barbudal. El río Cabuyo, que atraviesa la reserva en su parte norte, está rodeado de un bosque ribereño con una alta diversidad de especies silvestres.

Left, a nocturnal predator in Lomas Barbudal that is difficult to see: the Ciccaba virgata. Cabuyo River, which crosses the northern part of the park, is lined by a riparian forest with a great variety of uncultivated species.

El bosque deciduo de Lomas (derecha) ocupa el 70% de la reserva. El árbol de mayor diámetro en esta fotografía es un pochote (Bombacopsis quinatum). En la fotografía inferior, un ejemplar de pizote (Nasua narica), mamífero común en Lomas. Este gracioso animal anda generalmente en grupos bastante numerosos y lleva con frecuencia su cola levantada.

The deciduous forest in Lomas Barbudal (right) covers 70% of the reserve. The tree trunk with the largest diameter in this photograph belongs to a spiny cedar (Bombacopsis quinatum). In the photograph below, a white-nosed coati (Nasua narica), a mammal frequently encountered in the reserve. This charming animal usually moves in rather large groups, often with its tail upturned.

Barbudal es un área muy rica en insectos, particularmente abejas y avispas. Una de las especies más comunes es Centris aethyctera, una abeja solitaria. Una especie conspicua cuando fructifica es el árbol de balas de cañón (Couroupita nicaraguensis). El cortez amarillo (Tabebuia ochracea) se cubre totalmente de flores en marzo, dándole una pincelada de color al bosque seco (página de la derecha).

Barbudal is a region with a wealth of insects, especially bees and wasps. One of the most prevalent species is the Centris aethyctera, a solitary bee. A distinctive species, when it flowers, is the cannon ball tree (Couroupita nicaraguensis). The yellow cortex (Tabebuia ochracea) is completely covered with flowers in March, giving a splash of color to the tropical dry forest (right).

Parque Nacional
Palo Verde
National Park
&
Refugio Nacional de Fauna Silvestre
Dr. Rafael Lucas Rodríguez Caballero
National Wildlife Refuge

El refugio y el parque Palo Verde constituyen parte de la unidad biogeográfica denominada «las bajuras del río Tempisque». En las fotografías se observan partes de los diversos hábitats de ambas áreas silvestres: a la derecha, el bosque deciduo y las lagunas y pantanos de agua dulce; a la izquierda, una masa densa de tifa (Typha dominguensis), que crece en un pantano estacional. La tifa es una hierba rizomatosa de hasta 3 m. de alto, cuya atractiva espiga se emplea en arreglos florales.

Palo Verde National Park and Refuge form part of a biogeographical unit known as the «Tempisque Lowlands». In the photographs, parts of the different habitats found in both wilderness areas can be seen: to the right, the deciduous forest and freshwater lakes and swamps; to the left, a thick mass of typha (Typha dominguensis) which grows in the seasonal swamp. Typha is a rhizoid grass with a very pretty spike that is used in floral arrangements.

Parque: 5.704 Ha.; Refugio: 7.354 Ha.

EL parque y el refugio constituyen parte de la unidad biogeográfica que se conoce como «las bajuras del Tempisque», las que forman un mosaico de diversos hábitats inundables de llanura, delimitados por ríos y por una fila de cerros calcáreos. La parte plana está compuesta por aluviones del Cuaternario, período que se inició hace un millón de años, y los cerros, que limitan la planicie por el N., están compuestos de calizas de tipo arrecifal, de color blancuzco del Eoceno, período que corresponde a una antigüedad de 40-60 millones de años.

El área de Palo Verde está sujeta a inundaciones estacionales de gran magnitud. Durante la estación lluviosa, y debido al poco drenaje natural que tiene la llanura, el área se anega por efecto de la acción combinada de la lluvia, las mareas y los desbordamientos de los ríos Tempisque y Bebedero. En algunos casos excepcionales toda la zona se llega a convertir en una inmensa laguna.

Palo Verde es uno de los lugares de mayor diversidad ecológica del país; existen no menos de 12 y probablemente hasta 15 hábitats que se crean por la topografía, las condiciones edáficas —incluyendo el drenaje—, el rebalse de los ríos y el efecto de las mareas. Entre estos hábitats se encuentran las lagunas y pantanos salobres y de agua dulce, los zacatonales con mangle salado (*Avicennia germinans*), los manglares, los pastizales con chumico de palo o raspaguacal (*Curatella americana*), los bosques achaparrados de bajura, los bosques mixtos deciduos de llanura, los bosques mixtos sobre colinas calcáreas, los bosques ribereños, las sabanas arboladas, los bosques anegados y los bosques siempreverdes.

En ambas áreas silvestres se han identificado 148 especies de árboles. Una de las especies más conspicuas y que da nombre al lugar es el palo verde (*Parkinsonia aculeata*), un arbusto de hojas, ramas y parte del tronco de color verde claro, que se encuentra tanto en los pantanos como en otros hábitats. Entre los árboles más grandes se encuentran el espavel (*Anacardium excelsum*), el ceiba (*Ceiba pentandra*), el pochote (*Bombacopsis quinatum*), el ron-ron (*Astronium graveolens*), el ceibo barrigón (*Pseudobombax septenatum*), el guayabón (*Terminalia chiriquensis*), el javillo (*Hura crepitans*), el cocobolo (*Dalbergia retusa*), el níspero (*Manilkara chicle*) y el panamá (*Sterculia apetala*). En las colinas abundan los cardones (*Lemaireocereus aragonii*), una especie endémica para Costa Rica; se encuentra también el guayacán real (*Guaiacum sanctum*), un árbol de madera preciosa en grave peligro de extinción.

El sistema hidrológico natural de Palo Verde crea las condiciones adecuadas para que se produzca en la zona la más importante concentración del país y de Centro América de aves acuáticas y vadeadoras, tanto nativas como migradoras. Actualmente, de septiembre a marzo, varios miles de garzas, garzones, garcetas, zambullidores, íbises, patos y gallitos de agua se concentran en las lagunas y áreas vecinas para alimentarse y reproducirse. En ambas áreas silvestres, las aves observadas tanto acuáticas como terrestres suman 279 especies, aunque este número podría subir a 300 ya que al menos otras 40 especies han sido observadas en lugares vecinos. La isla Pájaros, de 2,3 Ha., localizada frente al refugio, es de extraordinaria importancia conservacionista por tener la colonia más grande del país del martinete coroninegro (*Nycticorax nycticorax*), y por ser área de nidificación para el ibis morito (*Plegadis falcinellus*), el pato aguja (*Anhinga anhinga*), la garza rosada (*Ajaia ajaja*), el garzón (*Mycteria americana*), la garza real (*Casmerodius albus*) y la garcilla bueyera (*Bubulcus ibis*). En los bosques de ambas áreas anida el galán sin ventura (*Jabiru mycteria*), especie en peligro de extinción, y subsiste la única población de lapas coloradas (*Ara macao*) del Pacífico Seco.

Algunos de los mamíferos más abundantes son los monos congo (*Alouatta palliata*), los monos carablanca (*Cebus capucinus*), los pizotes (*Nasua nasua*), los venados (*Odocoileus virginianus*), las ardillas rojas (*Sciurus granatensis*), los puerco espines (*Coendou mexicanus*) y los coyotes (*Canis latrans*). En el Tempisque se han observado cocodrilos (*Crocodylus acutus*) de hasta 5 m. de largo.

El área de Palo Verde es de extraordinaria belleza escénica tanto durante la estación seca como en la lluviosa, a pesar de la molestia —en ciertas ocasiones— de los zancudos, que obligan a usar repelente en gran cantidad. Entre los sitios que merecen una visita están los miradores de los cerros Catalina y Guayacán —dos de los mejores del país—, desde donde se ve una amplia porción de la provincia de Guanacaste; y la cueva del tigre —en el refugio— y la piedra hueca —en el parque—, espectaculares formaciones calcáreas que además de cuevas son verdaderos jardines colgantes.

Park: 5,704 Ha. Refuge: 7,354 Ha.

THIS park and refuge are part of the biogeographical unit known as the «Tempisque Lowlands». These flooded plains form a mosaic of diverse habitats which are divided by rivers and a range of limestone mountain peaks. The flat part is made up of alluvial plains that date back to the Quaternary epoch which began a million years ago. The mountains, which stand on the northern edge of the lowlands, are made of whitish, reef-type limestone and date back to the Eocene epoch which corresponds to 40-60 million years ago.

The Palo Verde region is subject to vast, seasonal inundations. During the rainy season and due to the poor natural drainage system of plains, the region is flooded by a cumulative effect of rain, tides and the overflowing of the Tempisque and Bebedero rivers. In some exceptional cases, the entire zone turns into an immense lake.

Palo Verde is one of the regions with the greatest ecological variety in the country. There are no less than 12, and most likely 15, habitats. These are formed by the topography, soil conditions (including drainage), natural damming that occurs in the rivers, and tidal action. These habitats include lakes and fresh-water and brackish swamps, black mangrove (*Avicennia germinans*) grasslands, mangrove swamps, rough-leaf tree (*Curatella americana*) grasslands, thorn scrub, lowland mixed deciduous forest, hillside mixed forest, riparian forest, savannah woodland, swamp forest and evergreen forest.

In both wilderness areas, 148 species of trees have been identified. One of the most prevalent, from which the park takes its name, is the *palo verde* or horse bean (*Parkinsonia aculeata*). This shrub, which is enterely green from its leaves to its branches to even part of its trunk, grows both in the swamps and other habitats. Among the largest trees are the espave (*Anacardium excelsum*), silk cotton (*Ceiba pentandra*), spiny cedar (*Bombacopsis quinatum*), gonzalo alves (*Astronium graveolens*), barrigon (*Pseudobombax septenatum*), nargusta (*Terminalia chiriquensis*), possum-wood (*Hura crepitans*), rosewood (*Dalbergia retusa*), chicle tree (*Manilkara chicle*), and Panama wood (*Sterculia apetala*). A thick growth of cardon (*Lemaireocereus aragonii*), which is native to Costa Rica, covers the slopes together with lignum-vitae (*Guaiacum sanctum*), which is a precious wood in danger of extinction.

The natural network of waterways in Palo Verde provides the ideal conditions for the largest concentration of waterfowl and wading birds (both endemic and migratory) in Costa Rica and all of Central America. As of now, from September to March, hundreds of thousands of herons, storks, egrets, grebes, ibis, ducks and jacanas flock to the lakes and neighboring areas to feed and mate. In both wilderness areas, identification has been made of 279 species of bird, including both land and waterfowl, altough this number could reach 300, since at least 40 other species have been sighted in near-by regions. Pájaros Island, which extends 2.3 Ha. in front of the refuge, is an extremely important conservation site for the largest colony of black-crowned night herons (*Nycticorax nycticorax*) in the country. It is also a vital nesting place for the glossy ibis (*Plegadis falcinellus*), anhinga (*Anhinga anhinga*), roseate spoonbill (*Ajaia ajaja*), wood stork (*Mycteria americana*), great egret (*Casmerodius albus*), and cattle egret (*Bubulcus ibis*). The jabiru (*Jabiru mycteria*), which is an endangered species, nests in the forested areas of both the park and the refuge. These forests are also home to the only population of scarlet macaws (*Ara macao*) in the Dry Pacific.

Some of the most numerous mammals are the howler monkey (*Alouatta palliata*), white-faced capuchin monkey (*Cebus capucinus*), white-nosed coati (*Nasua nasua*), white-tailed deer (*Odocoileus virginianus*), tree squirrel (*Sciurus granatensis*), Mexican tree porcupine (*Coendou mexicanus*), and coyote (*Canis latrans*). Crocodiles (*Crocodylus acutus*) up to 5 meters long and Pacific sharpnose sharks (*Rhizoprionodon longurio*) have been seen in the Tempisque River.

Palo Verde is a wilderness area of extraordinary scenic beauty, as much in the dry as in the rainy season, although the mosquitoes can on occasions cause the visitor to use a large amount of insect repellent. Among the nature spots that are worth visiting are the look-outs on Catalina and Guayacán Peaks, two of the most spectacular in the country; the tiger cave (in the refuge) and the hollow stone (in the park) which are magnificent limestone formations that are both caves and veritable hanging gardens; and Bocana Lake (in the park) which gives shelter to an incredible number of birds all year long.

La presencia de lagunas y pantanos estacionales atrae a miles de aves acuáticas a la zona de Palo Verde. En la página de la derecha, un garrobo (Ctenosaura similis) y un caracara o quebrantahuesos (Polyborus plancus), especies comunes en ambas áreas silvestres.

The existence of seasonal lakes and marshes attracts thousands of waterfowl and wading birds to the Palo Verde region. Right, a ctenosaur (Ctenosaura similis), and a crested caracara (Polyborus plancus), both of which are common species in the wilderness areas of park and refuge alike.

Al final de la estación seca, los pantanos herbáceos de Palo Verde quedan reducidos a pequeñas lagunas, como la que se observa en la fotografía superior. El singular aspecto que ofrece este manglar (derecha), a la orilla del río Tempisque, demuestra uno de los beneficios de estos hábitats: servir de soporte a infinidad de especies de moluscos.

At the end of the dry season, the herbaceous swamps of Palo Verde are nothing more than small ponds, as can be seen in the photograph above. The unusual appearance of this mangrove swamp (right) on the banks of the Tempisque River, demonstrates one of the beneficial roles of these habitats, that of giving life support to an infinite number of mollusk species.

Tamarindo

National Wildlife Refuge

Arena y mangle. Las fotografías representan los dos hábitats más importantes del refugio Tamarindo: la playa donde anidan las tortugas y el manglar. Playa Grande, parte del refugio, es uno de los sitios más importantes del mundo para el desove de la tortuga baula (Dermochelys coriacea), la más grande de todas las tortugas marinas. El manglar, un hábitat de gran diversidad biológica, abarca unas 400 Ha. y está constituido por cinco especies de mangle.

Sand and mangrove tree. The photographs represent the two most important habitats in Tamarindo: the beach where turtles nest, and the mangrove swamp. Grande Beach, which is part of the refuge, is one of the most important nesting sites in the world for the leatherback turtle (Dermochelys coriacea), the largest of the sea turtles. The mangrove swamp, which is a habitat of great diversity in terms of its fauna and flora, covers 400 hectares and is made up of the five species of mangrove tree.

L A playa Grande, que es parte del Refugio Tamarindo, constituye uno de los sitios más importantes del mundo para desove de la tortuga marina baula *(Dermochelys coriacea)*. Esta especie, que es la más grande de todas, puede alcanzar más de 2 m. de longitud total y hasta 700 kg. de peso; es de color negro, presenta aletas muy alargadas y es la única que en vez de un verdadero caparazón tiene una cubierta de piel muy gruesa, semejante al cuero. La especie es fácilmente reconocible no sólo por su gran tamaño, sino también por presentar 7 lomos o abultamientos alargados en su caparazón. No se conoce todavía el número total de tortugas que desovan en playa Grande, aunque se ha mencionado que pueden llegar hasta 200 en una noche. La parte de la playa decretada como refugio mide unos 3,6 km. de longitud, y corresponde a la principal sección a donde llegan las tortugas para anidar, durante las noches, de noviembre a abril de cada año. Además de la baula, ocasionalmente llegan tortugas lora *(Lepidochelys olivacea)* a desovar en playa Grande.

La otra sección del refugio, que abarca casi 400 Ha., corresponde al manglar de Tamarindo. Se encuentran aquí las 5 especies de mangles conocidas para la costa del Pacífico de Costa Rica, a saber, el mangle salado *(Avicennia germinans)*, el mariquita *(Laguncularia racemosa)*, el rojo *(Rhizophora mangle)*, el piñuela *(Pelliciera rhizophorae)* y el botoncillo *(Conocarpus erecta)*. El mangle rojo es el más abundante de todos, alcanza alturas de más de 30 m. y forma rodales puros en muchas partes. En las ramas de este mangle se observan termiteros de la especie *Nasutitermes* sp. y crece una orquídea, la *Catasetum* sp. Los mangles salado y mariquita son abundantes en el área cerca de la desembocadura del estero, y las otras dos especies son relativamente escasas. La abundancia del mangle salado parece indicar que el manglar de Tamarindo presenta altas concentraciones de sal en el suelo, debido a que durante toda la estación seca sólo es llenado con agua de mar, por secarse completamente las pocas quebradas que desaguan en él.

La fauna en el manglar, particularmente la avifauna, es bastante diversa y abundante. Se han observado 57 especies de aves; las más comunes son la garza real *(Casmerodius albus)*, la garcilla bueyera *(Bubulcus ibis)*, el ibis blanco *(Eudocimus albus)*, la espátula rosada *(Ajaia ajaja)*, la cerceta aliazul *(Anas discors)*, el arenero rojizo *(Arenaria interpres)*, el piche común *(Dendrocygna autumnalis)*, el pato real *(Cairina moschata)* y la garza azul *(Ardea herodias)*. Otras especies de animales que se encuentran en el manglar son el mono congo *(Alouatta palliata)*, el mapachín *(Procyon lotor)*, el pizote *(Nasua nasua)*, el caimán *(Caiman crocodylus)*, el garrobo *(Ctenosaura similis)* y los peces gallo *(Nematistius pectoralis)*, lisa *(Mugil curema)*, jurel *(Caranx hippos)*, pargo colorado *(Lutjanus colorado)*, róbalo *(Centropomus undecimalis)* y raya *(Dasyatis longus)*.

La playa Grande, como su nombre indica, es bastante ancha —durante la marea baja la distancia entre el mar y la primera vegetación es de unos 70 m.—, es compacta —lo que permite caminar con comodidad—, y es un lugar ideal para observar la flora y la fauna típicas de las playas tropicales. Algunas de las aves que comúnmente se ven sobrevolando o en la propia playa son los patudos *(Calidris minutilla* y *C. melanotos)*, el pelícano o buchón *(Pelecanus occidentalis)*, la tijereta de mar *(Fregata magnificens)*, la gaviota reidora *(Larus atricilla)* y la gaviota de Franklin *(Larus pipixcan)*. Otras especies que se ven sobre la arena son los cangrejos chimpenano grande *(Ocypode occidentalis)*, chimpenano pequeño *(Ocypode gaudichaudii)*, tiguacal *(Cardisoma crassum)* y ermitaño *(Coenobita compressus)*, y conchas de los moluscos *Turritella leucostoma* y *T. nodulosa* —que tienen forma de espiral muy delgada, alcanzan hasta 7,5 cm. de largo y se observan en grandes agregaciones.

La vegetación de playa está constituida, en primera línea, por una planta rastrera, el frijol de playa *(Sesuvium maritima)*, a la que suceden arbustos y árboles de madero negro *(Gliricidia sepium)*, majagua *(Hibiscus tiliaceus)*, pochote *(Bombacopsis quinatum)* y —en menor grado— manzanillo de playa *(Hippomane mancinella)*.

GRANDE Beach, which is part of Tamarindo Refuge, is one of the most important nesting sites in the world for the leatherback turtle *(Dermochelys coriacea)*. This species, which is the largest of all sea turtles, can grow to over 2 meters long and weigh up to 700 kg. It is black with very long fins and it is the only turtle which has a very thick skin cover, which is like leather, instead of a true shell. It is easy to recognize the leatherback not only because of its huge size, but also because it has seven ridges or elongated bumps on its back. The total number of turtles that nest at Grande Beach is not known, but it is speculated that as many as 200 may lay their eggs in one night. The part of the beach set aside as a refuge extends 3.6 km. long and corresponds to the main sector where the turtles arrive every year to dig their nests in the sand. This takes place at night from the month of November to April. Besides the leatherback turtle, sometimes the olive ridley turtle *(Lepidochelys olivacea)* also nests at Grande Beach.

The rest of the refuge, which covers almost 400 Ha., is made up of the Tamarindo mangrove swamp. The five species of mangrove that are known on the Pacific coast of Costa Rica flourish here. They are the black mangrove *(Avicennia germinans)*, white mangrove *(Laguncularia racemosa)*, red mangrove *(Rhizophora mangle)*, tea mangrove *(Pelliciera rhizophorae)*, and buttonwood mangrove *(Conocarpus erecta)*. The red mangrove is the most abundant of all. It grows to heights of over 30 meters and can be found in unmixed formations in many areas. The branches of this mangrove tree are where the *Nasutitermes* sp. termites build their nests and where an orchid of the *Catasetum* sp. grows. Black and white mangrove trees are numerous in the region near the mouth of the estuary while there is a comparatively smaller number of the other two species. The abundance of black mangrove has led scientists to believe that there are high concentrations of salt in the soil of the Tamarindo mangrove swamp. This would be attributed to there only being sea water left in the swamp during the dry season, since the few streams that flow into it dry up completely at that time.

Wildlife in the mangrove swamps is fairly varied and plentiful, especially with regard to birds. 57 species of bird have been sighted, the most commonly seen being the great egret *(Casmerodius albus)*, cattle egret *(Bubulcus ibis)*, white ibis *(Eudocimus albus)*, roseate spoonbill *(Ajaia ajaja)*, blue-winged teal *(Anas discors)*, ruddy turnstone *(Arenaria interpres)*, black-bellied tree-duck *(Dendrocygna autumnalis)*, muscovy duck *(Cairina moschata)*, and great blue heron *(Ardea herodias)*. Other animal species that live in the swamps are the howler monkey *(Alouatta palliata)*, raccoon *(Procyon lotor)*, white-nosed coati *(Nasua nasua)*, caiman *(Caiman crocodylus)*, ctenosaur *(Ctenosaura similis)*, roosterfish *(Nematistius pectoralis)*, mullet *(Mugil curema)*, crevalle jack *(Caranx hippos)*, snapper *(Lutjanus colorado)*, snook *(Centropomus undecimalis)*, and stingray *(Dasyatis longus)*.

Grande Beach, as its name indicates, is very large. At low tide the distance between the sea and the front line of plant growth is 70 meters. It is made up of firm sand which makes it easy for walking, and it is the perfect place to see animals and plants that are typical of tropical beaches. Some of the birds frequently seen flying over the beach or on the sand itself are sandpipers *(Calidris minutilla* and *C. melanotos)*, brown pelican *(Pelecanus occidentalis)*, frigatebird *(Fregata magnificens)*, laughing gull *(Larus atricilla)*, and Franklin's gull *(Larus pipixcan)*. Other animals that live in the sand are beach ghost crabs *(Ocypode occidentalis* and *O. gaudichaudii)*, mouthless crab *(Cardisoma crassum)* and hermit crab *(Coenobita compressus)*. Strewn over the beach in large piles are the shells of the *Turritella leucostoma* and *T. nodulosa* mollusks which are very thin spirals up to 7.5 cms. long. The front line of littoral woodland is composed of a creeper, the tropical strand plant *(Sesuvium maritima)*, which is followed by madero negro *(Gliricidia sepium)* shrubs and trees, mahoe *(Hibiscus tiliaceus)*, spiny cedar *(Bombacopsis quinatum)*, and some manchineel *(Hippomane mancinella)*.

Aves playeras alimentándose de invertebrados marinos en la boca del estero de Tamarindo.

Shorebirds feeding on marine invertebrates at the mouth of the Tamarindo estuary.

El mangle salado o palo de sal (Avicennia germinans), que se observa en el centro de la fotografía hacia el fondo, es llamado así porque segrega sal por medio de glándulas en las hojas.

The black mangrove (Avicennia germinans), which can be seen at the center and towards the back of the photograph, is also known as the salt stick because of the salt it secretes from glands in its leaves.

Los árboles de mediano tamaño que se ven en la fotografía son mochigüistes (Pithecellobium oblongum). Esta especie es muy resistente a la sequía y tiene el tronco y las ramas espinosos y torcidos.

The medium-sized trees seen in the photograph are cat's claws (Pithecellobium oblongum). This species is resistent to drought and its trunk and branches are twisted and thorny.

El cangrejo de tierra (Gecarcinus quadratus) es muy común en varios de los hábitats del refugio, como playa, manglar y bosque seco.

The mouthless crab (Gecarcinus quadratus) is very prevalent in several habitats of the refuge, such as the beach, mangrove swamp and dry forest.

Parque Nacional
Barra Honda
National Park

Bajo el cerro Barra Honda, constituido por calizas de tipo arrecifal, se ha formado un amplio sistema de cavernas independientes. La fotografía muestra la rica decoración de una de las salas de la Nicoa, considerada como un antiguo cenote, y donde se han encontrado restos humanos, así como adornos y utensilios precolombinos.

Barra Honda Peak, which is made up of reef-type limestone, is riddled with a vast network of independent caves. The photograph shows the profusion of formations in one of the underground chambers in Nicoa Cave, believed to be a cenote. Here, human remains have been found together with pre-Columbian adornments and artefacts.

2.295 Ha.

EL cerro Barra Honda, de unos 300 m. de altura, está constituido por calizas de tipo arrecifal, es decir, por antiguos arrecifes de coral que emergieron debido a un solevantamiento provocado por fallas. Este cerro, de unos 60 millones de años de antigüedad, llama la atención por lo escarpado de sus flancos, particularmente en la parte S., y por ser casi plano en la cima. Al caminar por ésta, se observan orificios por todas partes; algunos son de diámetro no mayor a unos 10 cm., pero en otros su boca mide varios metros. En algunos casos se notan grandes huecos formados por el derrumbe del techo de alguna caverna. En casi toda la cima y principalmente hacia el borde S., se pueden ver sobre la superficie rocas de formas muy caprichosas, muy erosionadas y de filos muy cortantes.

El cerro Barra Honda contiene un amplio sistema de cavernas independientes unas de otras, de las cuales se han explorado 19 hasta ahora. La profundidad de las cavernas es muy variable; la más profunda, la Santa Ana, alcanza 240 m. Las más decoradas son la Terciopelo, la Trampa y la Santa Ana, donde se observa gran profusión de estalagmitas, estalactitas, columnas, perlas, flores y agujas de yeso, helictitas, palomitas de maíz, champiñones, dientes de tiburón y otras formaciones. La Terciopelo es la caverna que contiene mayor abundancia y belleza en sus formaciones. Una de éstas se llama El Organo y tiene la característica de dar diversas tonalidades cuando se le golpea con suavidad. La Trampa es la que presenta el más profundo precipicio; desde la entrada al primer descenso hay una altura perfectamente vertical de 52 m. Esta caverna tiene también las salas de mayor tamaño que se han encontrado; una de éstas está formada por calcita de purísimo color blanco, lo que le da un efecto de deslumbrante belleza. La Pozo Hediondo, que debe su hedor al guano de los murciélagos, es la única que tiene abundancia de estos mamíferos. En la Nicoa, considerada como un antiguo cenote, fueron encontrados gran cantidad de restos humanos en 1970 y, tiempo después, utensilios y adornos indígenas precolombinos. Esta caverna presenta también varias gigantescas estalactitas desplomadas del techo.

La vegetación del parque es mayormente caducifolia; algunas de las especies más comunes de árboles son el jobo (*Spondias mombin*), el ron-ron (*Astronium graveolens*), el tempisque (*Mastichodendron capiri var. tempisque*), el peine de mico (*Apeiba tibourbou*), el madroño (*Calycophyllum candidissimum*), el indio desnudo (*Bursera simaruba*), el poro-poro (*Cochlospermum vitifolium*), el gallinazo (*Schizolobium parahybum*) y el soncoya (*Annona purpurea*).

La fauna es medianamente variada; algunas de las especies presentes son el mono carablanca (*Cebus capucinus*), el coyote (*Canis latrans*), el cusuco (*Dasypus novemcinctus*), el venado (*Odocoileus virginianus*), el mapachín (*Procyon lotor*), el pizote (*Nasua nasua*), el zorro pelón (*Didelphis marsupialis*), el zorro hediondo (*Conepatus semistriatus*), la urraca copetona (*Calocitta formosa*), el zapoyol o catano (*Aratinga canicularis*) y el zopilote cabecirrojo (*Cathartes aura*).

Existen tres áreas en el parque que son de interés muy particular. Una de ellas es el mirador que se encuentra en el borde S. de la cima, y desde el cual se logra una vista muy hermosa de una parte de las bajuras y de la porción meridional del golfo de Nicoya; otra es el área denominada Los Mesones, que contiene un bosque siempreverde de gran altura, y de donde se toma el agua para varios pueblos vecinos; y la última es la denominada La Cascada, donde existen bellísimos depósitos escalonados de toba calcárea que forman una hermosa y singular cascada.

2,295 Ha.

BARRA Honda Peak, which rises almost 300 meters high, is composed of reef-type limestone, that is, ancient coral reefs that emerged as a result of a geological upheaval caused by faulting. This peak which dates back 60 million years is especially striking because of its steep, jagged sides, especially on its southern flank, and because it is almost completely flat-topped. The surface of the summit is pitted and pockmarked everywhere one walks. Some of the holes are no larger than about 10 cms. in diameter while others measure several meters across. In some cases there are large craters left from cave-ins. Deeply eroded and razor-sharp rocks jut out in whimsical shapes over almost the entire summit and especially on the southern rim.

An extensive network of independent caves has been found on the peak, 19 of which have been explored to date. The depths of the caves vary considerably, with the deepest, Santa Ana, descending 240 meters underground. The most spectacular caves are Terciopelo («Fer-de-Lance»), La Trampa («The Trap») and Santa Ana where a profusion of stalagmites, stalactites, columns, pearls, chalk flowers and needles, helictites, popcorn, mushrooms, shark's teeth and other formations can be seen. Terciopelo is the cave with the greatest number of formations and the most beautiful ones. One such formation is called «The Organ» which produces different melodic tones when gently tapped. Trampa Cave has the steepest vertical descent of all the caves: from the entrance at its mouth to the first ledge, there is a sheer drop of 52 meters. This cave also has the largest chambers of any discovered so far. One is made of pure white calcite which gives it a dazzling effect. Stink-Pot Hole, which owes its name to the stench of bat guano deposits, is the only cave with a large population of these mammals. In Nicoa Cave, believed to be an ancient cenote, a large number of human remains were discovered in 1970 and some time later, pre-Columbian artifacts and adornments. This cave also has several gigantic stalactites that have collapsed from the roof and now sprawl on the floor.

The vegetation in the park is mainly deciduous. Some of the most common tree species are: the wild plum (*Spondias mombin*), gonzalo alves (*Astronium graveolens*), tempisque (*Mastichodendron capiri* var. *tempisque*), monkey's comb (*Apeiba tibourbou*), lemonwood (*Calycophyllum candidissimum*), gumbo-limbo (*Bursera simaruba*), wild cotton (*Cochlospermum vitifolium*), quamwood (*Schizolobium parahybum*) and pond apple (*Annona purpurea*).

The wildlife is moderately varied. Some of the species that live in the park are: white-faced capuchin monkey (*Cebus capucinus*), coyote (*Canis latrans*) common long-nosed armadillo (*Dasypus novemcinctus*), white-tailed deer (*Odocoileus virginianus*), common racoon (*Procyon lotor*), white-nosed coati (*Nasua nasua*), southern opposum (*Didelphis marsupialis*), Amazonian skunk (*Conepatus semistriatus*), magpie jay (*Calocitta formosa*), orange-fronted parakeet (*Aratinga canicularis*) and the turkey vulture (*Cathartes aura*).

There are three unusually beautiful nature spots in the park. One is a look-out point on the southern edge of the summit which affords a magnificent view of part of the lower reaches of the peak and the southern part of Nicoya Gulf. Another is the site known as «Los Mesones» where a tall evergreen forest grows and water is obtained for several neighboring villages. And the third is «La Cascada» where exquisite travertine dams form an unusual waterfall.

Desde la cima de Barra Honda se
aprecia una vista muy hermosa
de la parte meridional del golfo
de Nicoya. En primer término se
observan los afloramientos de
rocas calcáreas, más lejos el estero
Letras, cerca de Puerto Jesús, y al
fondo, la isla Chira.

From the summit of Barra Honda
Peak there is a beautiful view of
the southern part of Nicoya Gulf.
In the foreground, outcroppings
of limestone rocks can be seen,
in the middle distance, Letras
estuary close to Jesus Harbor, and
in the background, Chira Island.

Las formaciones de una caverna son en extremo frágiles y tardan miles de años en moldearse. Por esta razón deben considerarse como un recurso natural no renovable. El vampiro común (Desmodus rotundus) *forma colonias en algunas de las grutas de Barra Honda.*

Cave formations are extremely fragile and it takes millions of years for them to be made. For this reason, they must be considered a nonrenewable natural resource. The vampire bat (Desmodus rotundus) *lives in colonies in some of the Barra Honda caves.*

Peñas Blancas

National Wildlife Refuge

Agua y bosques. Las fotografías parecen querer demostrar la estrecha relación que existe entre una cuenca hidrográfica protegida por bosques y la producción de agua pura en forma permanente. Las aguas limpias son una característica de las quebradas de Peñas Blancas, área en buena parte cubierta de varios tipos de bosques. El árbol de la fotografía de la derecha es un higuerón estrangulador (Ficus *sp.*).

Water and forests. It would seem that the photographs want to show the close relationship that exists between the watersheds protected by the forests and the endless production of pure water. Crystal-clear waters are characteristic of the streams in Peñas Blancas, a wilderness area covered to a great extent by different kinds of forests. The tree in the photograph to the right is a wild strangler fig (Ficus *sp.*).

2.400 Ha.

E S un área muy quebrada, localizada en terreno de origen volcánico, y con elevaciones que oscilan entre 600 y 1.400 m. Su nombre deriva de la existencia de depósitos de diatomita, material sedimentario poroso de color blanquecino, constituido por acumulación de caparazones silíceos de algas diatomeas de origen marino o lacustre. Estos depósitos se observan principalmente a lo largo de los cauces de algunas de las quebradas, o donde se han producido deslizamientos en las partes altas.

Una buena parte del refugio está constituida por bosques con diverso grado de alteración; en las partes más quebradas y en los cañones de los ríos, éstos se mantienen casi intactos. Un cañón bastante profundo es el del río Jabonal, el cual atraviesa el refugio aproximadamente por el centro. Hacia el S., en las partes bajas del área, el bosque típico es el tropical seco, razón por la cual es factible observar especies tales como el pochote *(Bombacopsis quinatum)*, el indio desnudo *(Bursera simaruba)*, el roble de sabana *(Tabebuia rosea)*, el jobo *(Spondias mombin)*, el laurel *(Cordia alliodora)* y el cedro amargo *(Cedrela odorata)*. Hacia la sección media inferior los bosques son semicaducifolios y se caracterizan también por la presencia de especies típicas del Pacífico Seco, con algunas especies de zonas húmedas, como los arbustos *Piper curtispicum* y *Hansteinia ventricosa*.

De la sección media superior hacia el N. el refugio está constituido por una vegetación típica del bosque húmedo premontano. Los helechos son muy abundantes en toda el área; algunas de las especies presentes son el *Asplenium cristatum*, el *Dryopteris patula* y el *Diplazium plantaginifolium*, un helecho terrestre que crece en bosque primario o en comunidades climax no perturbadas. En las partes más altas se desarrolla el roble *(Quercus brenesii)*, un árbol que sólo llega a alcanzar unos 25 m. de alto y que crece entre los 600 y los 1.500 m. de altitud; se encuentra en Costa Rica y en Nicaragua y su madera ha sido muy usada para producir carbón, por lo que se halla en peligro de extinción.

Otras plantas interesantes para los botánicos, que han sido colectadas en el refugio, incluyen la *Solandra brachycalyx*, una macolla arbustiva que inicia su vida como epífita y que presenta grandes flores amarillas; la *Ceiba rosea*, un árbol epífito poco recolectado, con tallos y raíces estranguladoras cubiertas de espinas muy agudas; la *Habenaria* sp., una orquídea de suelo con inflorescencias verdes; el *Anthurium ranchoanum*, una planta terrestre con hojas coriáceas de color verde intenso; y el *Rhipidocladum pittieri*, un bambú del sotobosque con períodos de floración separados por varios años.

La fauna es escasa, aunque la avifauna sí es abundante. Algunos de los mamíferos presentes son el saíno *(Tayassu tajacu)*, los monos congo *(Alouatta palliata)* y carablanca *(Cebus capucinus)*, la martilla *(Potos flavus)*, el cabro de monte *(Mazama americana)*, el mapachín *(Procyon lotor)*, el zorro pelón *(Didelphis marsupialis)* y el tepezcuintle *(Agouti paca)*. Las mariposas son muy abundantes en toda el área del refugio.

Esta área silvestre ha sido creada con el propósito de proteger las cuencas hidrográficas de varios ríos, conservar los bosques y aumentar la fauna.

2,400 Ha.

PEÑAS Blancas Refuge is located on rugged terrain of volcanic origin with peaks that go from 600 to 1,400 meters. The refuge takes its name of «White Cliffs» from the diatomite deposits in the canyons of some of the river beds or where there have been landslides in the upper regions. Diatomite is a porous sedimentary rock that is whitish in color and formed by the accumulation of siliceous shells left by diatom seaweeds of marine or lake origin. Much of the original forest has been altered to some extent, but in the more rugged tracts and in the river canyons the forest cover remains almost intact. A fairly deep canyon can be found in the Jabonal River, which more or less crosses through the center of the refuge. Towards the south in the lower regions of the refuge, the typical vegetation is tropical dry forest which makes it easy to see such species as the spiny cedar (*Bombacopsis quinatum*), gumbo-limbo (*Bursera simaruba*), mayflower (*Tabebuia rosea*), wild plum (*Spondias mombin*), freijo (*Cordia alliodora*) and Spanish cedar (*Cedrela odorata*). Towards the lower middle region of the refuge, the forests are semi-deciduous and are typically composed of Pacific Dry zone species, with some wet zone species, such as the *Piper curtispicum* and *Hansteinia ventricosa* shrubs.

The upper middle section towards the north is composed of typical premontane moist forest species. Ferns are very abundant throughout this area. Some of the species that grow here are the *Asplenium cristatum, Dryopteris patula*, and *Diplazium plantaginifolium*, a terrestrial fern that grows in the primary forest or in undisturbed climax communities. The *Quercus brenesii* oak, a tree that only grows about 25 meters tall, can be found in the upper reaches of the refuge between 600 to 1,500 meters. It grows in Costa Rica and Nicaragua and its wood has traditionally been used to make coal, which has placed it in danger of extinction.

Other plants that are of interest to the botanist and that have been collected in the refuge include the *Solandra brachycalyx*, a shrub that begins as an epiphyte and grows into a bushy clump covered with large yellow flowers; the *Ceiba rosea*, an apiphytic tree with strangler roots and stems covered with razor-sharp thorns, specimens of which are not often collected; the *Habenaria* sp., a ground orchid with green inflorescences; the *Anthurium ranchoanum*, a ground cover with bright green, leathery leaves; and the *Rhipidocladum pittieri*, a bamboo plant of the understorey which flowers in intervals of several years.

The wildlife is scarce, although there are numerous birds. Some of the mammals that live in the refuge are the collared peccary (*Tayassu tajacu*), howler monkey (*Alouatta palliata*), white-faced capuchin monkey (*Cebus capucinus*), kinkajou (*Potos flavus*), red brocket (*Mazama americana*), common racoon (*Procyon lotor*), black-eared opossum (*Didelphis marsupialis*), and paca (*Agouti paca*). Butterflies abound throughout the refuge.

This wilderness area has been set aside to protect the watersheds of several rivers, to conserve the forests, and to increase the wildlife.

Existen 46 especies nativas de higuerones
(Ficus *spp.*) en Costa Rica. Muchos
alcanzan alturas de hasta 40 m. y a
menudo comienzan como planta epífita y
luego estrangulan al árbol hospedero. Los
higuerones son polinizados por diferentes
especies de avispas.

There are 46 species of native fig trees
(Ficus *spp.*) in Costa Rica. Many reach
heights of up to 40 meters and often
begin as epiphytic plants that then
strangle the host tree. Fig trees are
pollinated by different bee species.

Una buena parte del refugio está constituida por bosques caducifolios, semicaducifolios y húmedos. Su presencia constituye la máxima garantía de protección para las cuencas hidrográficas allí existentes.

A large part of the refuge is made up of deciduous, semi-deciduous and moist forests. Their presence is the greatest guarantee that the watersheds that exist there will be protected.

Guayabo, Negritos y de los Pájaros

Biological Reserves

Las islas Guayabo, Negritos y de los Pájaros se hallan ubicadas en el golfo de Nicoya, una de las zonas de mayor belleza del país. La designación de estas cuatro islas como reservas biológicas tuvo como objetivo principal la conservación de abundantes poblaciones de aves marinas y de áreas de reproducción para los pelícanos pardos (Pelecanus occidentalis).

Guayabo, Negritos and Pájaros Islands are located in Nicoya Gulf, one of the most beautiful regions in the country. The declaration of these four islands as biological reserves was mainly an effort to conserve the numerous populations of seabirds and the nesting sites of the brown pelican (Pelecanus occidentalis).

Isla Guayabo 6,8 Ha.; Islas Negritos, 80 Ha.; Isla de los Pájaros, 3,8 Ha.

ESTAS cuatro islas —las Negritos son dos— se hallan ubicadas en ambos extremos del Golfo de Nicoya, una de las zonas de mayor belleza escénica del país. Los objetivos de su establecimiento como reservas biológicas fueron los de preservar abundantes poblaciones de aves marinas, conservar su flora y su fauna, y garantizar que tanta belleza natural pudiera ser disfrutada en forma permanente por todos los costarricenses.

Guayabo es una imponente roca de unos 50 m. de altura, de forma romboidal y accesible con dificultad por una pequeña y única playa de guijarros producto de un antiguo derrumbe. Por todo el resto del contorno, formado por farallones, el mar embiste en forma constante, lo que ha dado origen, principalmente del lado NO., a la formación de algunas cavernas de mediano tamaño que sobresalen en marea baja. La vegetación que cubre el peñón está formada por arbustos y plantas pequeñas, algunas espinosas, de 1 m. de altura aproximadamente. Los arbustos son guaco (*Pisonia aculeata*) —donde anidan las aves—, higuerones (*Ficus* sp.) —muy escasos y muy achaparrados a causa del suelo pobre y los fuertes vientos—, palmas de coyol (*Acrocomia vinifera*) —que crecen aisladas— y palmas viscoyol (*Bactris minor*) —que crecen en grupos puros—. La fauna está representada casi exclusivamente por aves; las especies más comunes son el pelícano pardo (*Pelecanus occidentalis*), la tijereta de mar (*Fregata magnificens*), la gaviota reidora (*Larus atricilla*) y el piquero moreno (*Sula leucogaster*), una de las especies de aves marinas más comunes de los trópicos. En cierta época llegan a estas islas aves marinas migradoras. Guayabo es de importancia excepcional para la protección de avifauna por ser la más grande de las cuatro áreas de nidificación para el pelícano pardo que se conocen en el país —la población es de 200-300 individuos—, y es también un sitio para que inverne el halcón peregrino (*Falco peregrinus*). Otras especies de fauna son los garrobos (*Ctenosaura similis*), los cangrejos violinistas (*Uca vocator*) y los cangrejos marineras (*Grapsus grapsus*).

Las islas Negritos están cubiertas por un bosque semideciduo, cuyos árboles dominantes más sobresalientes son el flor blanca (*Plumeria rubra*), el pochote (*Bombacopsis quinatum*) y el indio desnudo (*Bursera simaruba*). En algunas partes, cerca de los farallones, se observan manchas puras de piñuela casera (*Bromelia pinguin*) y de la palma viscoyol. En el sotobosque es muy abundante la escalera de mono (*Bauhinia* sp.), una liana trepadora medicinal. Algunas especies de animales de estas islas son los garrobos, los mapachines (*Procyon lotor*), los loros, las palomas coliblanca (*Leptotila verreauxi*) y los cangrejos tajalín (*Gecarcinus quadratus*) y ermitaños (*Coenobita compressus*) —muy abundantes—. En las rocas que rodean ambas islas se pueden observar tijeretas de mar, piqueros morenos, gaviotas reidoras y pelícanos pardos —los cuales usan una de las islas como dormitorio—, y en las aguas alrededor existen cambutes (*Strombus galeatus*) y ostiones (*Ostrea iridescens*), y son muy abundantes los peces berrugates (*Lobotes pacificus*), dorados (*Coryphaena hippurus*) y macarelas (*Scomberomorus maculatus*).

La isla de los Pájaros es aproximadamente redonda y tiene forma de domo; durante la marea baja es posible darle la vuelta con facilidad, caminando por las dos pequeñas playas que posee y por una especie de plataforma angosta, lo que permite observar las rocas de la zona entre mareas totalmente cubiertas por los moluscos denominados ostras de roca (*Ostrea palmula*) y por los crustáceos llamados percebes (*Chthamalus* spp.). La vegetación está constituida por un bosque de poca altura y por parches de pasto con charral. La especie dominante es el arbusto güísaro (*Psidium guineense*); algunos de los árboles más altos son el guanacaste (*Enterolobium cyclocarpum*), el higuerón (*Ficus* sp.), el carao (*Cassia grandis*) y el manteco (*Trichilia tomentosa*).

Las islas Guayabo, Negritos y de los Pájaros, y el golfo en el cual están ubicadas, presentan un clima seco muy agradable y el principal don natural que ofrecen es... el sol.

Guayabo Island: 6.8 Ha.; Negritos Islands: 80 Ha.; Pájaros Island: 3.8 Ha.

THESE four islands (Negritos are two) are located at both ends of Nicoya Gulf, one of the most beautiful scenic regions in the country. The objectives of making them biological reserves were to preserve numerous populations of sea birds conserve their plant and wildlife, and guarantee that so much natural beauty could be enjoyed by all Costa Ricans forever.

Guayabo Island is an imposing rocky mound that stands about 50 meters high. It has a rhomboid shape and a difficult access by means of its one single beach, which is small and pebbly, the result of an ancient landslide. The rest of the island is made up of cliffs against which the sea hurls itself in constant battle. The result is the formation, mainly on the northwest side, of several medium-sized caves which can be seen at low tide. The plant life that covers the rock is composed of a small number of thorn bushes, shrubs and small plants which grow about 1 meter high. The shrubs include the guaco *(Pisonia aculeata)* where the birds nest, wild fig *(Ficus* sp.) which is very sparse and twisted due to the poor soil and strong winds, coyol palm *(Acrocomia vinifera)* which grows individually, and viscoyol palm *(Bactris minor)* which grows in unmixed groups. Wildlife is almost exclusively represented by birds. The most common species are brown pelican *(Pelecanus occidentalis)*, magnificent frigatebird *(Fregata magnificens)*, laughing gull *(Larus atricilla)*, and brown booby *(Sula leucogaster)*, which is one of the most common species of sea bird in the tropics. At a certain time of the year migratory sea birds come to these islands. Guayabo is exceptionally important for the protection of birdlife for two reasons: with a population of 200-300 individuals, it is the largest of the four nesting colonies of brown pelican that have been found in Costa Rica and it is the wintering site of the peregrine falcon *(Falco peregrinus)*. Other wildlife species are the ctenosaur *(Ctenosaura similis)*, fiddler crabs *(Uca vocator)* and Sally lightfoot crabs *(Grapsus grapsus)*.

Negritos Islands are covered with a semi-deciduous forest in which the predominant species are the frangipani *(Plumeria rubra)*, spiny cedar *(Bombacopsis quinatum)* and gumbo-limbo *(Bursera simaruba)*. In some areas, near the cliffs, there are unmixed groves of chira *(Bromelia pinguin)*, and viscoyol palm. Monkey's ladder *(Bauhinia* sp.), a medicinal creeper, is very abundant in the understorey. Some of the animals that live on these islands are the ctenosaur, racoon *(Procyon lotor)*, parrots, white-tipped dove *(Leptotila verreauxi)*, red land crabs *(Gecarcinus quadratus)* and land hermit crabs *(Coenobita compressus)*, which are very numerous. On the rocks that surround both islands there are magnificent frigatebirds, brown boobies, laughing gulls and brown pelicans. These birds use one of the islands as a bedroom. The waters around the islands are filled with giant conch *(Strombus galeatus)* and oysters *(Ostrea iridescens)* and there are abundant tripletail *(Lobotes pacificus)*, dolphin *(Coryphaena hippurus)* and mackerel *(Scomberomorus maculatus)*.

Pájaros Island is almost round and dome-shaped. At low tide, it is easy to walk around the entire island, following its two small beaches and a kind of narrow ledge. This is a good way to observe the rocks of the intertidal zone which are completely covered with mollusks called rock osyters *(Ostrea palmula)* and crustaceans called barnacles *(Chthamalus* spp.). The plant life is composed of a low-growing forest and of patches of second growth grass. The predominant species is the wild guava *(Psidium guineense)*. Some of the tallest trees are the ear tree *(Enterolobium cyclocarpum)*, wild fig *(Ficus* sp.), stinking toe *(Cassia grandis)* and manteco *(Trichilia tomentosa)*.

Guayabo, Negritos and Pájaros Islands and the gulf where they are located have a very mild dry climate and a natural gift of plenty of sunshine.

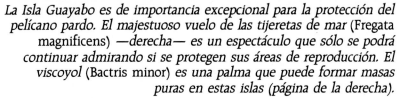

La Isla Guayabo es de importancia excepcional para la protección del pelícano pardo. El majestuoso vuelo de las tijeretas de mar (Fregata magnificens) —derecha— es un espectáculo que sólo se podrá continuar admirando si se protegen sus áreas de reproducción. El viscoyol (Bactris minor) es una palma que puede formar masas puras en estas islas (página de la derecha).

Guayabo Island is of vital importance for the protection of the brown pelican. Right, the majestic flight of frigatebirds (Fregata magnificens) is a breathtaking sight that can only be viewed if the nesting sites continue to be preserved. The viscoyol (Bactris minor) is a palm tree that can grow in unmixed groves on these islands (right).

Refugio Nacional de Fauna Silvestre

Ostional

National Wildlife Refuge

La belleza escénica de la costa de Ostional se hace más patente en el área de punta India, al extremo norte del refugio. Durante la marea baja, se pueden observar aquí infinidad de invertebrados marinos y pequeños peces en las pozas de marea que quedan entre las sinuosidades de las rocas.

The scenic beauty of the coastline at Ostional is especially magnificent in the region of India Point in the northern corner of the refuge. At low tide a multitude of invertebrate marine creatures and small fish can be seen in the tide pools that lie in the crevices of the rocks strewn along the sand.

162 Ha. (porción terrestre); 587 Ha. (porción marina)

L A extensa playa Ostional, conjuntamente con la playa Nancite en el Parque Nacional Santa Rosa, constituyen las dos más importantes áreas del mundo para el desove de la tortuga marina lora *(Lepidochelys olivacea)*. La sección de la playa a donde llegan las tortugas mide unos 900 m. de largo y está ubicada entre una punta rocosa que se adentra un poco en el mar y el estero del río Ostional, el cual corre en parte paralelo a la playa.

Las tortugas lora llegan a Ostional en grandes arribadas, de tres a siete días de duración, que se producen principalmente de julio a noviembre de cada año, normalmente durante las noches. Cuatro o cinco arribadas grandes pueden producirse por año, aunque en algunos casos se han observado hasta 11. Otras especies de tortugas marinas que también anidan aquí ocasionalmente son la baula *(Dermochelys coriacea)*, la más grande de todas, y la verde del Pacífico *(Chelonia mydas)*. Tras la temporada de arribadas, la playa se ve totalmente llena de depresiones de casi medio metro de diámetro, que constituyen los nidos que hicieron las tortugas y que adquieren esta forma cuando las tortuguitas los abandonan. Cascarones blancuzcos y secos, restos de los huevos, se ven también en gran cantidad por todas partes.

En toda la playa Ostional abundan dos especies de cangrejos anfibios y depredadores que son típicos de las playas arenosas: el chimpenano grande *(Ocypode occidentalis)* y el chimpenano pequeño *(Ocypode gaudichaudii)*. Durante la estación seca el río Ostional deja de correr, pero como su estero siempre conserva agua, se convierte en el hábitat por excelencia de diversas especies de peces, aves, cangrejos y otros animales.

En la desembocadura del río Nosara, al SE. del refugio, existe un manglar de considerable tamaño; en esta área y en sus alrededores se han identificado 102 especies de aves. Algunas de las más abundantes o llamativas son el pelícano o buchón *(Pelecanus occidentalis)*, la tijereta de mar *(Fregata magnificens)*, el ostrero americano *(Haematopus palliatus)* —que se observa muy comúnmente caminando sosegadamente sobre la playa—, la pagaza real *(Sterna maximus)* —que a menudo descansa en grupos sobre la arena—, el cormorán neotropical o pato de chancho *(Phalacrocorax olivaceus)*, la garza del ganado *(Bubulcus ibis)*, la espátula rosada *(Ajaia ajaja)* —muy llamativa por tener el bello color que su nombre indica—, el cigüeñón *(Mycteria americana)* —una de las aves más grandes del país—, la codorniz vientrimanchada *(Colinus leucopogon)*, el ave fría *(Pluvialis squatarola)* —que corre sobre la playa— y la lora frentiblanca *(Amazona albifrons)*.

En los escasos parches de bosque que existen en el refugio, se pueden observar los monos congo *(Alouatta palliata)* y carablanca *(Cebus capucinus)*, la chiza *(Sciurus variegatoides)*, el pizote *(Nasua nasua)*, la martilla *(Potos flavus)*, el garrobo *(Ctenosaura similis)* y el gallego *(Besiliscus basiliscus)*. Es frecuente ver en el mar, a corta distancia de la playa, bandadas de gaviotas de Sabine *(Xema sabini)* y de pagazas elegantes *(Sterna elegans)* pescando anchoas *(Anchoa* sp.).

El área cercana a punta India, al extremo NO., es rocosa, de gran belleza escénica, y presenta infinidad de charcas de marea donde se encuentran fácilmente algas, erizos, estrellas de mar, anémonas y diversidad de peces muy pequeños y de gran colorido. Los cangrejos, sobre todo los conocidos como marineras *(Grapsus grapsus)*, fantasmas *(Ocypode* spp.) y ermitaños *(Coenobita* sp.) son muy comunes en toda el área.

La escasa vegetación del refugio está constituida por un bosque mixto formado por especies caducifolias, particularmente por el árbol flor blanca *(Plumeria rubra)*. La vegetación de la playa —donde existe— está compuesta principalmente por la gramínea *Jouvea pilosa* y otras plantas, las cuales ayudan a sujetar la arena. Inmediatamente después se encuentra un arbusto de rápido crecimiento y de unos 10 m. de altura, del género *Croton*, que llega a formar rodales casi puros de mucha densidad y que desempeña un excelente papel como estabilizador de la parte alta de la playa. Más allá, este arbusto se entremezcla con cactos y otras plantas suculentas que forman en algunos puntos de la playa masas compactas que constituyen excelentes refugios para los garrobos.

162 Ha. (land sector); 587 Ha. (sea sector)

NANCITE Beach in Santa Rosa National Park and the wide beach at Ostional constitute the world's two most important nesting sites for the olive ridley turtle *(Lepidochelys olivacea)*. The sector of the beach where the turtles arrive measures about 900 meters long and is located between a rocky point that juts a little into the sea and the estuary of the Ostional River, which in part runs parallel to the beach.

The olive ridley turtles arrive every year at Ostional Beach in huge arribadas that last 3-7 days and that usually take place at night during the months of July through November. Although four or five arribadas can take place in a year, there have been years when as many as 11 have been recorded. Other species of sea turtles that occasionally nest here are the leatherback *(Dermochelys coriacea)*, the largest of all, and the Pacific green *(Chelonia mydas)*. When the arribada season is over, the beach is completely pockmarked with hollows of almost half a meter in diameter that were the nests made by the turtles and that take on this appearance when the baby turtles hatch and make their way down to the water. Dry, white eggshells and broken eggs can also be seen everywhere.

All over Ostional Beach are two large populations of amphibious, predatory crabs which are typical of sandy beaches: beach ghost crabs *(Ocypode occidentalis* and *O. gaudichaudii)*. During the dry season the Ostional River dries up, but as there is always water in its estuary, it turns into an excellent habitat for different species of fish, birds, crabs and other animals.

Southeast of the refuge, at the mouth of the Nosara River, there is a large mangrove swamp where 102 species of bird have been identified. Some of the more abundant and attractive species are the brown pelican *(Pelecanus occidentalis)*, frigatebird *(Fregata magnificens)*, American oystercatcher *(Haematopus palliatus)*, which can frequently be seen walking as calm as you please along the beach, royal tern *(Sterna maximus)*, which often rests in groups on the sand, Neotropic cormorant *(Phalacrocorax olivaceus)*, cattle egret *(Bubulcus ibis)*, roseate spoonbill *(Ajaia ajaja)*, which is especially beautiful because of the color that gives it its name, wood stork *(Mycteria americana)*, one of the largest birds in the country, spot-bellied bobwhite *(Colinus leucopogon)*, black-bellied plover *(Pluvialis squatarola)*, which runs over the beach, and white-fronted amazon *(Amazona albifrons)*.

Howler monkeys *(Alouatta palliata)*, white-faced capuchin monkeys *(Cebus capucinus)*, tree squirrels *(Sciurus variegatoides)*, white-nosed coatis *(Nasua nasua)*, kinkajous *(Potos flavus)*, ctenosaurs *(Ctenosaura similis)* and basilisks *(Basiliscus basiliscus)* can be seen in the few patches of forest that exist in the refuge. It is very common to see flocks of Sabine gulls *(Xema sabini)* and elegant terns *(Sterna elegans)* fishing for anchovies *(Anchoa sp.)* in the water not far from the beach.

The rocky area that lies in the northwestern corner of the refuge near India Point offers great scenic beauty and innumerable tide pools where it is easy to observe seaweed, sea urchins, starfish, sea anemones and many very colorful little fish. Crabs, especially those known as Sally lightfoot *(Grapsus grapsus)*, ghost *(Ocypode spp.)*, and land hermit *(Coenobita sp.)*, abound in the area.

The scanty vegetation of the refuge is composed of a mixed forest made up of deciduous species, especially the frangipani *(Plumeria rubra)*. The littoral woodland, where it exists, consists primarily of the *Jouvea pilosa* gramineous plant and a few other plants that help hold down the sand. Right behind the littoral woodland is a rapid-growing shrub that is about 10 meters high and that belongs to the *Croton* genus. It grows into very dense, almost unmixed thickets which play an important role in stabilizing the upper part of the beach. Further on, this shrub mixes with cactus and other succulent plants which form compact masses at different points along the beach and provide excellent shelter for the ctenosaur lizards.

La extensa playa Ostional (arriba) constituye una de las más importantes áreas del mundo para desove de la tortuga lora (Lepidochelys olivacea). A la derecha, el estero del río Ostional, hábitat de diversas especies de peces, aves terrestres y marinas, cangrejos e infinidad de otros animales.

The wide expanse of Ostional Beach (above) is one of the most important nesting sites in the world of the olive ridley turtle (Lepidochelys olivacea). Right, the Ostional River estuary, a habitat that gives shelter to different species of fish, land and seabirds, crabs and a multitude of other animals.

El bosque de Ostional es una mezcla de árboles deciduos, cactos y suculentas. En la página anterior, el cacto Acanthocereus pentagonus, que forma en algunas partes de la playa masas compactas que constituyen refugios para los garrobos (Ctenosaura similis). En la fotografía de la izquierda, árboles de flor blanca (Plumeria rubra), cardones (Lemaireocereus aragonii) y piñuelas (Bromelia pinguin). Abajo, detalle del Acanthocereus pentagonus.

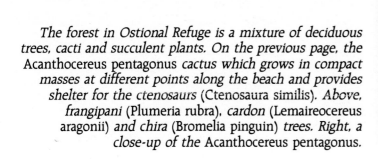

The forest in Ostional Refuge is a mixture of deciduous trees, cacti and succulent plants. On the previous page, the Acanthocereus pentagonus cactus which grows in compact masses at different points along the beach and provides shelter for the ctenosaurs (Ctenosaura similis). Above, frangipani (Plumeria rubra), cardon (Lemaireocereus aragonii) and chira (Bromelia pinguin) trees. Right, a close-up of the Acanthocereus pentagonus.

Los chimpenanos (Ocypode spp.) son cangrejos anfibios y depredadores, muy típicos de la playa arenosa de Ostional. La tortuga lora (Lepidochelys olivacea) es la más abundante de las cuatro especies de tortugas marinas que visitan regularmente las playas costarricenses.

Beach ghost crabs (Ocypode spp.) are amphibian predator crabs that are very typical of the sandy beach at Ostional. The olive ridley turtle (Lepidochelys olivacea) is the most abundant of the four species of sea turtles that regularly visit the Costa Rican shores.

En la playa Ostional no sólo desova la tortuga lora sino que también anidan ocasionalmente la baula (Dermochelys coriacea) y la verde del Pacífico (Chelonia mydas).

Not only the olive ridley turtle nests on Ostional Beach. Occasionally the leatherback (Dermochelys coriacea) and the Pacific green (Chelonia mydas) turtles also lay their eggs here.

Reserva Biológica

Carara

Biological Reserve

La lapa roja (Ara macao) *es una de las aves más bellas de los bosques costarricenses. El intenso colorido de su plumaje, su algarabía y el hecho de que haya desaparecido de algunas zonas donde habitaba, hacen de esta especie un símbolo de la lucha por la conservación de la diversidad biológica de Costa Rica.*

The scarlet macaw (Ara macao) *is one of the most exquisite birds in the forests of Costa Rica. The brilliant colors of its feathers, its happy, noisy chatter, and the fact that it has disappeared from several zones where it used to live, make this species a symbol of the fight to save the biological wealth of Costa Rica.*

4.700 Ha.

POR tratarse de una zona de transición entre una región más seca al N. y otra más húmeda al S., Carara presenta una alta diversidad florística con predominio de especies siempreverdes. Cruzada por diversos arroyos, en su mayoría permanentes, la reserva se destaca en plena estación seca como un oasis de verdor y de frescor.

A pesar de su relativo pequeño tamaño. Carara presenta varios ecosistemas tales como ciénagas, una laguna, y bosques de galería secundarios y primarios. Las ciénagas se forman por las inundaciones estacionales del río Grande de Tárcoles, en un área localizada al NE. de la reserva. Estas áreas son particularmente ricas en aves zancudas y vadeadoras y en anfibios y reptiles asociados con esos ambientes.

La laguna ocupa un extenso meandro abandonado del río Grande de Tárcoles, de unos 600 m. de longitud, 40 m. de ancho y 2 m. de profundidad, y tiene forma de U. Prácticamente está toda cubierta de choreja o lirio de agua *(Eichhornia crassipes)* y de otras plantas acuáticas flotantes, y sólo pequeñas áreas muestran agua libre. En este ambiente son abundantes diversas especies de anfibios y reptiles —como los cocodrilos *(Crocodylus acutus)*, que alcanzan hasta 3 m. de largo— y de aves acuáticas, como las garzas rosadas *(Ajaia ajaja)*, los patos aguja *(Anhinga anhinga)*, los gallitos de agua *(Jacana spinosa)*, los zambullidores piquipintos *(Podilymbus podiceps)* y los martín peña *(Tigrisoma mexicanum)*. Los cocodrilos son también abundantes y fáciles de observar en el río Grande de Tárcoles.

Los bosques de galería se encuentran en las márgenes de los ríos, y son altos, densos y de poca diversidad en especies; muchos de los árboles presentan gambas o contrafuertes. El espavel *(Anacardium excelsum)* es la especie más característica en este hábitat. Los bosques secundarios se encuentran sobre terrenos que se dedicaron antiguamente a actividades agropecuarias; tienen una diversidad florística menor que los bosques maduros y presentan más especies caducifolias. La palma viscoyol *(Bactris minor)*, muy espinosa, se encuentra formando rodales casi puros en este tipo de bosque.

Los bosques primarios ocupan la mayor parte de la reserva; situados sobre terrenos con un 20 a un 60 por 100 de pendiente, presentan alta diversidad, varios estratos y abundancia de lianas y plantas epífitas. Algunos de los árboles más grandes en este hábitat y que causan admiración por sus dimensiones son el espavel, el ceiba *(Ceiba pentandra)*, el higuerón *(Ficus sp.)*, el guayabón *(Terminalia chiriquensis)*, el gallinazo *(Schizolobium parahybum)* —muy vistoso en época seca por sus flores amarillas—, el guácimo colorado *(Luehea seemannii)* y el javillo *(Hura crepitans)*. Otras especies de árboles presentes son el lechoso *(Brosimum utile)*, el nazareno *(Peltogyne purpurea)* —que produce una bellísima madera de color púrpura—, el ajo *(Caryocar costaricense)* —especie típica del bosque muy húmedo—, el hule *(Castilla elastica)*, el mora *(Chlorophora tinctoria)*, el cristóbal *(Platymiscium pinnatum)*, el fruta dorada *(Virola sp.)* y el ron-ron *(Astronium graveolens)*.

La fauna es bastante abundante a pesar del aislamiento de la reserva. Algunos mamíferos de esta reserva biológica son el zorro cuatro ojos *(Philander opossum)*, el perezoso de dos dedos *(Choloepus hoffmanni)*, la guatusa *(Dasyprocta punctata)*, la martilla *(Potos flavus)*, el tolomuco *(Eira barbara)*, el caucel *(Felis wiedii)*, el saíno *(Tayassu tajacu)* y el venado *(Odocoileus virginianus)*. Un ave muy conspicua en Carara por la belleza de su plumaje —de colores azul, rojo y amarillo— y que prácticamente ha desaparecido del Pacífico Seco es la lapa roja *(Ara macao)*. Algunas otras especies de aves presentes son el tucancillo tití o cusingo *(Pteroglossus torquatus)*, el tinamú grande *(Tinamus major)*, la garza real *(Casmerodius albus)*, la garza tricolor *(Egretta tricolor)*, el zopilote cabecirrojo *(Cathartes aura)*, el guaco *(Herpetotheres cachinnans)*, el golondrón *(Progne chalybea)*, el trogón violáceo *(Trogon violaceus)* y la gallina de ciénaga *(Aramides cajanea)*.

El recurso arqueológico del área destaca particularmente en Lomas Carara, donde existe un cementerio indígena de unas 6 Ha. de extensión.

4,700 Ha.

DUE to its emplacement as a transition zone between a drier region to the north and a more humid region to the south, Carara offers an incredible variety of plant life, especially evergreen species. Criss-crossed by several streams, most of which never dry up, the reserve stands out in the dry season like a fresh, green oasis.

In spite of its relatively small size, Carara is composed of several ecosystems such as marshland, a lagoon, and gallery, primary and secondary forests. The marshes are formed by the seasonal floods of the Grande de Tárcoles River in the northeastern region of the reserve. The marshes are especially rich in waterfowl and wading birds and in amphibians and reptiles native to this environment.

The laggon covers a large, abandoned meander of the Grande de Tárcoles River. It measures 600 m. long, 40 m. wide and 2 m. deep and is U-shaped. It is almost entirely covered with water hyacinth *(Eichhornia crassipes)* and other floating water plants. Clear water can only be seen in a few spots. The lagoon is also home to numerous species of amphibians and reptiles, such as the crocodile *(Crocodylus acutus)*, which grows 3 meters long, and to several species of waterfowl, such as the roseate spoonbill *(Ajaia ajaja)*, American anhinga *(Anhinga anhinga)*, northern jacana *(Jacana spinosa)*, pied-billed grebe *(Podilymbus podiceps)*, and Mexican tiger-bittern *(Tigrisoma mexicanum)*. There are also numerous crocodiles which can be easily seen in the Grande de Tárcoles River.

The gallery forests grow along the banks of the rivers and are very tall and dense with little variety of species. Many of the trees have buttresses. The espave *(Anacardium excelsum)* is the most characteristic species in this habitat. The secondary forests cover terrain that was once used for agriculture and cattle ranching. There is less diversity here than in the mature forests and there are more deciduous species. The very thorny viscoyol palm *(Bactris minor)* can be found in this type of forest in predominantly unmixed groves.

Primary forests cover the largest portion of the reserve. They grow on slopes with a 20%-60% incline and they have a wide variety of species, several layers and a wealth of vines and epiphytic plants. Visitors are often amazed by the size of such trees as the espave, silk cotton *(Ceiba pentandra)*, wild fig *(Ficus sp.)*, nargusta *(Terminalia chiriquensis)*, quamwood *(Shizolobium parahybum)* which is covered with showy yellow flowers in the dry season, cotonron *(Luehea seemannii)*, and possum-wood *(Hura crepitans)*. Other tree species that grow here are the cow tree *(Brosimum utile)*, purple heart *(Peltogyne purpurea)* which produces an exquisite purple-colored wood, butternut tree *(Caryocar costaricense)*, which is a rain forest species, rubber tree *(Castilla elastica)*, mora amarilla *(Chlorophora tinctoria)*, Panama redwood *(Platymiscium pinnatum)*, banak *(Virola sp.)* and gonzalo alves *(Astronium graveolens)*.

The wildlife is fairly abundant in spite of the reserve's isolated location. Some of the mammals that live in the reserve are the gray four-eyed opossum *(Philander opossum)*, two toed sloth *(Choloepus hoffmanni)*, agouti *(Dasyprocta punctata)*, kinkajou *(Potos flavus)*, tayra *(Eira barbara)*, margay cat *(Felis wiedii)*, collared peccary *(Tayassu tajacu)*, and white-tailed deer *(Odocoileus virginianus)*. A bird which is practically extinct in the Dry Pacific and which can be seen in Carara with its conspicuous plumage of red, yellow and blue is the scarlet macaw *(Ara macao)*. Some other bird species that live in the reserve are the collared aracari *(Pteroglossus torquatus)*, great tinamou *(Tinamus major)*, American egret *(Casmerodius albus)*, tricolored heron *(Egretta tricolor)*, turkey vulture *(Cathartes aura)*, laughing falcon *(Herpetotheres cachinnans)*, gray-breasted martin *(Progne chalybea)*, violaceous trogon *(Trogon violaceus)* and cayenne wood-rail *(Aramides cajanea)*.

Archeological remains have been found in the reserve especially on Lomas Carara where an Indian cemetery that covers 6 Ha. is located.

Uno de los hábitats de mayor riqueza en aves acuáticas, anfibios y reptiles es esta laguna que ocupa un meandro abandonado del río Grande de Tárcoles.

One of the habitats with the greatest wealth of waterfowl, amphibians and reptiles is this lake that covers an abandoned bend in the Grande de Tárcoles River.

El perezoso de tres dedos (Bradypus variegatus) debe su nombre a la lentitud con que se mueve entre las ramas de los árboles. Esta especie vive, se alimenta y se reproduce en los árboles y sólo desciende de ellos para defecar en el suelo.

The three-toed sloth (Bradypus variegatus) gets its name from the lazy way in which it moves through the branches of the trees. This species lives, feeds and mates in the trees, and only descends to the ground to defecate.

Carara se destaca como un oasis de verdor y frescor en medio de un mar de potreros. Algunos de sus árboles alcanzan dimensiones colosales. Una de estas especies es el vaco (Brosimum utile), que puede alcanzar 50 m. de altura (izquierda).

Carara stands out like a green oasis in the middle of a sea of cattle ranches. Some of its trees grow to a colossal size, such as this cow tree (Brosimum utile) that can reach 50 meters in height (left).

87

Refugio Nacional de Vida Silvestre

Curú

National Wildlife Refuge

El refugio Curú, localizado en la región del golfo de Nicoya, posee recursos biológicos y paisajísticos de excepcional importancia, a pesar de ser de tamaño muy reducido. En la playa Curú se entremezclan, en bella combinación, los cocoteros (Cocos nucifera) con los icacos (Chrysobalanus icaco).

In spite of its small size, Curú Refuge, located in the region of Nicoya Gulf, features unusually important biological and scenic resources. Curú Beach is fringed with a lovely mixed grove of coconut palm (Cocos nucifera) and coco plum (Chrysobalanus icaco) trees.

PESE a su pequeño tamaño, el Refugio Curú, localizado en la bella región del golfo de Nicoya, contiene una gran variedad de flora y fauna tanto terrestre como marina.

Los hábitats existentes son el bosque semicaducifolio, el bosque de ladera, el bosque caducifolio, el manglar y la vegetación de playa. Algunos de los árboles más grandes de estos bosques son el ceiba (*Ceiba pentandra*), el cristóbal (*Platymiscium pinnatum*), el pochote (*Bombacopsis quinatum*), el guapinol (*Hymenaea courbaril*), el ron-ron (*Astronium graveolens*), el guanacaste (*Enterolobium cyclocarpum*), el cenízaro (*Pithecellobium saman*), el panamá (*Sterculia apetala*) y el almendro de montaña (*Andira inermis*). Una especie muy común en Curú y de mucho interés biológico es el cornizuelo (*Acacia collinsi*), arbusto que presenta un fenómeno de simbiosis con hormigas que viven en sus espinas huecas y que pertenecen al género *Pseudomyrmex*, principalmente a la especie *P. ferruginea*. La interacción consiste en que las hormigas, que pican muy duro, evitan que el arbusto sea comido por insectos u otros animales, a la vez que matan cualquier vegetación que toque o se encuentre muy cerca de la planta. Por su parte, el arbusto les suministra espinas huecas para vivir y, para alimentarse, los corpúsculos de Belti, de color naranja, que crecen al extremo de las hojuelas, además de sustancias azucaradas que se producen en nectarios localizados en los pecíolos de las hojas. El manglar, que se encuentra ubicado detrás de playa Curú, está formado por el mangle colorado (*Rhizophora mangle*) —el más abundante—, la piñuela (*Pelliciera rhizophorae*), el salado (*Avicennia germinans*), el botoncillo (*Conocarpus erecta*) y el mariquita (*Laguncularia racemosa*).

Tanto en el refugio como en los bosques vecinos es posible observar una fauna relativamente variada, particularmente la avifauna. Algunos de los mamíferos más comunes en este hábitat son el venado (*Odocoileus virginianus*), el mapachín (*Procyon lotor*), el tepezcuintle (*Agouti paca*), el zorro pelón (*Didelphis marsupialis*), el mono congo (*Alouatta palliata*), el mono carablanca (*Cebus capucinus*) —muy abundantes y fáciles de fotografiar—, el coyote (*Canis latrans*), el pizote (*Nasua nasua*) y el cusuco (*Dasypus novemcinctus*). Otras especies comunes son los garrobos (*Ctenosaura similis*), las güirrisas (*Iguana iguana*) y las boas (*Boa constrictor*). Se han identificado 115 especies de aves, tanto terrestres como marinas, algunas de las más abundantes son la garcilla bueyera (*Bubulcus ibis*), el gavilán aludo o gavilán pollero (*Buteo platypterus*), el guaco (*Herpetotheres cachinnans*), la paloma piquirroja (*Columba flavirostris*), la lora frentiblanca (*Amazona albifrons*), el momoto cejiceleste (*Eumomota superciliosa*), el carpintero lineado (*Dryocopus lineatus*), la golondrina tijereta (*Hirundo rustica*) y la urraca copetona (*Calocitta formosa*). Tanto en la playa como tierra adentro, los cangrejos son muy abundantes; en las aguas próximas a la costa se encuentran ostiones (*Ostrea iridescens*) —especie que casi ha desaparecido—, cambutes (*Strombus galeatus*), langostas (*Panulirus* sp.) y quitones o cucarachas de mar (*Chiton stokesii*) —muy numerosos en las rocas a la orilla de puntas Quesera y Curú—. Ocasionalmente llegan a la playa Curú a desovar tortugas marinas lora (*Lepidochelys olivacea*), baula (*Dermochelys coriacea*) y carey (*Eretmochelys imbricata*).

Las tres playas del refugio son de gran belleza escénica y muy adecuadas para la natación y el buceo a causa de su escaso oleaje, poca pendiente y claridad de las aguas. La playa Curú, que se localiza al fondo de una bahía, tiene unos 40 m. de ancho y unos 900 m. de largo, y las playas Quesera y Poza Colorada son de arena muy fina y de color blanco debido a la acción del mar sobre los fragmentos de los corales de las aguas cercanas.

84 Ha.

DESPITE its small size, the Curú Wildlife Refuge, located in the beautiful region of Nicoya Gulf, offers sanctuary to a surprisingly wide variety of both terrestrial and marine plant and animal life.

Habitats found here include semi-deciduous forest, deciduous forest, hill forest, mangrove swamp, and littoral woodland. Some of the largest trees in these forests are the silk cotton *(Ceiba pentandra)*, Panama redwood *(Platymiscium pinnatum)*, spiny cedar *(Bombacopsis quinatum)*, locust *(Hymenaea courbaril)*, gonzalo alves *(Astronium graveolens)*, ear tree *(Enterolobium cyclocarpum)*, raintree *(Pithecellobium saman)*, Panama wood *(Sterculia apetala)* and cabbage bark *(Andira inermis)*. A very common species in Curú is the swollen-thorn acacia *(Acacia collinsi)*. This plant is of great biological interest because its relationship with ants, that live in its hollow thorns, is an excellent example of symbiosis. The ants belong to the *Pseydomyrmex* genus and are mainly of the *P. ferruginea* specie. The ants, which bite viciously, protect the plant from being eaten by insects or other animals at the same time that they kill any plant that touches or grows near the acacia. In exchange for this protection, the acacia provides the ants with food and shelter: orange-colored Beltian bodies which grow at its leafy tips and sugared substances that are secreted in the nectaries of the petioles in the leaves which they can eat, and hollow thorns where they can live. The mangrove swamp, located behind Curú Beach, is made up of red mangrove *(Rhizophora mangle)*, which is the most abundant, tea mangrove *(Pelliciera rhizophorae)*, black mangrove *(Avicennia germinans)*, buttonwood mangrove *(Conocarpus erecta)*, and white mangrove *(Laguncularia racemosa)*.

It is possible to observe a fairly varied number of animals in the reserve and neighboring forests, especially birds. Some of the most frequently seen mammals are the white-tailed deer *(Odocoileus virginianus)*, racoon *(Procyon lotor)*, paca *(Agouti paca)*, southern opossum *(Didelphis marsupialis)*, howler monkey *(Alouatta palliata)*, white-faced capuchin monkey *(Cebus capucinus)* which is very numerous and easy to photograph, coyote *(Canis latrans)*, white-nosed coati *(Nasua nasua)*, and common long-nosed armadillo *(Dasypus novemcinctus)*. Other common species are the ctenosaur *(Ctenosaura similis)*, green iguana *(Iguana iguana)* and boa constrictor *(Boa constrictor)*. 115 species of both land and sea birds have been observed. Some of the most numerous are the cattle egret *(Bubulcus ibis)*, broad-winged hawk *(Buteo platypterus)*, laughing falcon *(Herpetotheres cachinnans)*, red-billed pigeon *(Columba flavirostris)*, white-fronted amazon *(Amazona albifrons)*, turquoise-browed motmot *(Eumomota superciliosa)*, lineated woodpecker *(Dryocopus lineatus)*, barn swallow *(Hirunda rustica)*, and magpie jay *(Calocitta formosa)*. Crabs abound, both on the beach and inland. The coastal waters are home to oysters *(Ostrea iridescens)* —a species which has almost disappeared— giant conch *(Strombus galeatus)*, lobsters *(Panulirus* sp.), and chiton *(Chiton stokesii)* which cover the rocks at the edge of Curú and Quesera Points.

Once in a while the olive ridley turtle *(Lepidochelys olivacea)*, leatherback turtle *(Dermochelys coriacea)* and hawksbill turtle *(Eretmochelys imbricata)* come and lay their eggs on Curú Beach.

The refuge boasts three beautiful scenic beaches. Their gradual slope, gentle surf and clear waters make them ideal for swimming and diving. Curú Beach stretches 40 meters wide and 900 meters long around a bay. Quesera and Poza Colorada Beaches are made up of fine white sand formed from wave action on fragments of coral that grows in the nearby waters.

Al extremo sur de la playa Curú, página de la izquierda, se juntan dos de sus hábitats: el manglar y el bosque caducifolio. La serpiente arborícola (Leptophis mexicanus), arriba, es una especie muy llamativa por presentar una franja oscura en la cabeza. Los monos carablanca (Cebus capucinus) abundan en el refugio y son fáciles de fotografiar (derecha).

Two habitats come together at the southern tip of Curú Beach (left): the mangrove swamp and deciduous forest. The tree snake (Leptophis mexicanus), above, is a very attractive species with a dark stripe on its head. White-faced capuchin monkeys (Cebus capucinus) abound throughout the refuge and are easy to photograph (right).

93

El cocotero (Cocos nucifera) es en la actualidad una especie común en las playas tropicales de todo el mundo. En Curú fue introducido hace más de 30 años.

The coconut palm tree (Cocos nucifera) is a common species that nowadays can be found on all the tropical beaches of the world. It was introduced to Curú over 30 years ago.

Los manglares cumplen un papel ecológico de gran importancia, al permitir el desarrollo de numerosas especies de invertebrados marinos tales como ostiones, esponjas, cangrejos, corales, langostas y camarones.

Mangrove swamps play a vital ecological role by allowing numerous species of invertebrate marine animals, such as ostyers, sponges, crabs, corals, shrimp and lobsters to thrive under their protection.

El cornizuelo (Acacia collinsi), *especie común en Curú, presenta una interesante simbiosis con hormigas que viven en sus espinas huecas.*

The swollen-thorn acacia (Acacia collinsi), a prevalent species in the refuge, displays an interesting symbiosis with ants that live in its hollow thorns.

El cambute (Strombus galeatus) *es un molusco que ha ido desapareciendo de muchas de las costas del país. Curú, como otros parques nacionales con costas, cumple la función de asegurar su conservación.*

The giant conch (Strombus galeatus) is a mollusk that can no longer be found in many of the coastal regions of the country. Like other national parks with a coastline, Curú serves to guarantee their conservation.

El bosque deciduo de ladera ocupa gran parte del refugio (arriba). La mayoría de las especies de estos bosques pierden sus hojas durante la estación seca. La playa Curú (abajo) es de gran belleza escénica e ideal para disfrutar del mar, a causa de su poca pendiente y suave oleaje.

Deciduous slope forest covers a large part of the refuge (above). Most of the species in this forest lose their leaves during the dry season. An ideal place to enjoy the sea is Curú Beach (below) which affords great scenic beauty with its sloping incline down to the water and its gently curling waves.

97

Reserva Natural Absoluta
Cabo Blanco
Strict Nature Reserve

Cabo Blanco es una de las áreas con mayores recursos paisajísticos de las costas del Pacífico Seco. Las playas son en buena parte pedregosas, aunque existen dos de ellas, Balsitas y Cabo Blanco, de arena y guijarros. La fotografía muestra una sección de la costa, cerca del límite noreste de la reserva.

Cabo Blanco is one of the wilderness areas with the greatest scenic beauty on the coast of the Dry Pacific. Its beaches are mostly rocky although there are two beaches of sand mixed with pebbles at Balsitas and Cabo Blanco. The photograph is a view of part of the coast close to the northeastern limit of the reserve.

1.172 Ha.

CABO Blanco es un refugio de mucha importancia para la protección de aves marinas, y es también una de las áreas de mayor belleza escénica de la costa del Pacífico. Un mar azul y profundo, una vegetación que llega hasta el borde de la costa, interesantes formaciones geológicas, una fauna variada, e infinidad de lagunillas de marea donde quedan apresadas diversas especies de organismos marinos, convierten a Cabo Blanco en una de las áreas silvestres más interesantes y bellas del sistema.

Por tratarse de una zona de mayor precipitación que el resto del «Pacífico Seco» —llueve unos 2.300 mm. por año—, hay en los bosques de Cabo Blanco un mayor predominio de especies siempreverdes. En general, algunos de los árboles más abundantes son el madroño *(Calycophyllum candidissimum)*, el guácimo *(Guazuma tomentosa)*, el jobo *(Spondias mombin)*, el indio desnudo *(Bursera simaruba)*, el guarumo *(Cecropia sp.)*, el chaperno *(Lonchocarpus sp.)*, el flor blanca *(Plumeria rubra)* y particularmente el pochote *(Bombacopsis quinatum)*. Un pochote —un verdadero monumento natural— que se encuentra al lado del sendero al cerro Maven, tiene unos 50 m. de alto y unos 3 m. de diámetro a la altura del pecho. En las áreas de bosque primario poco disturbado, las especies dominantes son el pochote, el níspero *(Manilkara chicle)* y el espavel *(Anacardium excelsum)*. Existen un total de 119 especies de árboles en Cabo Blanco.

La fauna es bastante variada a pesar del tamaño relativamente pequeño de la reserva, aunque no muy abundante. Además de las chizas *(Sciurus variegatoides)* que sí son muy abundantes, se encuentran otras especies de mamíferos como el venado *(Odocoileus virginianus)*, los monos congo *(Alouatta palliata)*, colorado *(Ateles geoffroyi)* y cara blanca *(Cebus capucinus)*; el puerco espín *(Coendou mexicanus)*, la guatuza *(Dasyprocta punctata)*, el tepezcuintle *(Agouti paca)*, la martilla *(Potos flavus)*, el coyote *(Canis latrans)*, el cusuco *(Dasypus novemcinctus)* y el tigrillo o caucel *(Felis wiedii)*.

Las aves marinas son muy numerosas, particularmente los pelícanos pardos *(Pelecanus occidentalis)*, las tijeretas de mar *(Fregata magnificens)*, las gaviotas reidoras *(Larus atricilla)*, las golondrinas de mar *(Sterna hirundo)* y los piqueros morenos *(Sula leucogaster)*. La colonia de esta especie que existe aquí contiene más de 500 parejas y es la más grande del país. Es interesante indicar que a lo largo de la costa, dentro de la reserva, existen unos tres dormideros para pelícanos, a cada uno de los cuales llegan no menos de 150 de estas aves al atardecer, para pasar la noche sobre árboles de pochote y flor blanca. Algunas de las especies de aves terrestres son el toledo *(Chiroxiphia linearis)*, la urraca copetona *(Calocitta formosa)*, la garcilla bueyera *(Bubulcus ibis)*, la garcilla verde *(Butorides virescens)*, el quebrantahuesos *(Polyborus plancus)*, la viuda roja *(Trogon elegans)*, la chachalaca olivacea *(Ortalis vetula)*, el martín pescador collarejo *(Ceryle torquata)*, el perico aliamarillo *(Pyrrhura hoffmanni)* y el zopilote cabecirrojo *(Cathartes aura)*.

La fauna marina es variada y es muy alta la población de peces, cangrejos, quitones *(Chiton stokesii)*, burgados *(Nerita spp.)*, langostas *(Panulirus sp.)*, camarones *(Penaeus spp.)*, cambutes *(Strombus galeatus)*, almejas *(Chione californiensis)* y de muchas otras especies de la zona entre mareas y de aguas vecinas.

Un punto de referencia muy visible y refugio inexpugnable para aves marinas es la isla Cabo Blanco, un peñón rocoso de paredes verticales, localizado a 1,6 km. de la costa, que carece totalmente de vegetación y que debe su nombre al color blanquecino que presenta debido al guano depositado. Otra área de gran interés es una extensa plataforma rocosa que se extiende al extremo del Cabo Blanco —punta en la que termina la península de Nicoya—, y que puede ser explorada en marea baja para observar la variada fauna marina que vive en la zona entre mareas. A ambos lados de este cabo existen dos playas extensas, Balsitas y Cabo Blanco, arenosas, con algo de guijarros y bordeadas de grandes árboles. Al extremo N. de esta segunda playa existe un farallón impresionante por su altura. A playa Balsitas llegan ocasionalmente tortugas marinas a desovar.

Es interesante indicar que frente a la playa San Miguel, a un kilómetro de distancia mar adentro, se observa una turbulencia en la superficie provocada por dos corrientes de agua mezcladas con gases que salen del fondo del mar.

1,172 Ha.

CABO Blanco («White Cape») is a very important refuge for the protection of sea birds, and is also one of the most scenic spots along the Pacific coast. Deep blue waters fringed with a dense green forest that grows right down to the edge of the beach, interesting geological formations, a variety of wildlife and countless tidal pools where a myriad of sea creatures get caught, make Cabo Blanco one of the most beautiful and fascinating wilderness areas in the park system.

Due to the fact that there is a greater amount of rainfall here than in the rest of the «Dry Pacific», with approximately 2,300 mm. a year, the Cabo Blanco forests are made up predominantly of evergreen species. In general, the most abundant species are the lemonwood *(Calycophyllum candidissimum)*, bastard cedar *(Guazuma tomentosa)*, wild plum *(Spondias mombin)*, gumbo-limbo *(Bursera simaruba)*, trumpet tree *(Cecropia sp.)*, dogwood *(Lonchocarpus sp.)*, frangipani *(Plumeria rubra)*, and especially the spiny cedar *(Bombacopsis quinatum)*. One spiny cedar tree, which is a veritable national monument grows next to the trail to Maven Peak. It is 50 meters tall and 3 meters in diameter at chest height. Where the primary forest has not been greatly disturbed, the predominant species are spiny cedar, chicle tree *(Manilkara chicle)* and espave *(Anacardium excelsum)*. There are a total of 119 tree species in the Cabo Blanco Reserve.

The wildlife is fairly varied in spite of the relatively small size of the reserve, but not very abundant. In addition to tree squirrels *(Sciurus variegatoides)*, which for their part are very numerous, other mammal species include the white-tailed deer *(Odocoileus virginianus)*, howler monkey *(Alouatta palliata)*, spider monkey *(Ateles geoffroyi)* and white-faced capuchin monkey *(Cebus capucinus)*, Mexican tree porcupine *(Coendou mexicanus)*, agouti *(Dasyprocta punctata)*, paca *(Agouti paca)*, kinkajou *(Potos flavus)*, coyote *(Canis latrans)*, common long-nosed armadillo *(Dasypus novemcinctus)* and tiger cat *(Felis wiedii)*.

Sea birds are very numerous, especially brown pelicans *(Pelicanus occidentalis)*, frigatebird *(Fregata magnificens)*, laughing gull *(Larus atricilla)*, common tern *(Sterna hirundo)* and brown booby *(Sula leucogaster)*. The Cabo Blanco colony of brown boobies consists of 500 couples and is the largest in the country. It is worth pointing out that along the reserve's coastline, there are three roosting areas for pelicans where no fewer than 150 of these birds arrive every evening at sunset to spend the night in the spiny cedar and frangipani trees. Some of the species of land birds include the long-tailed manakin *(Chiroxiphia linearis)*, magpie jay *(Calocitta formosa)*, cattle egret *(Bubulcus ibis)*, green heron *(Butorides virescens)*, crested caracara *(Polyborus plancus)*, elegant trogon *(Trogon elegans)*, white-bellied chachalaca *(Ortalis vetula)*, ringed kingfisher *(Ceryle torquata)*, sulphur-winged parakeet *(Pyrrhura hoffmanni)*, and turkey vulture *(Cathartes aura)*.

Marine life at Cabo Blanco is varied with a large population of fish, crabs, chitons *(Chiton stokesii)*, nerites *(Nerita spp.)*, lobsters *(Panulirus sp.)*, shrimp *(Penaeus sp.)*, giant conch *(Strombus galeatus)*, clams *(Chione californiensis)* and many other species native to the intertidal zones and neigboring waters.

A very visible landmark and an impregnable refuge for sea birds is Cabo Blanco Island, located 1.6 km. off the coast. It is a steep, rocky mound that is completely devoid of vegetation. It takes its name («White Island») from the large deposits of bird guano of this color. Another place of special interest is a long rocky ledge that juts out from the very tip of the cape where the Nicoya Peninsula ends. It is an excellent spot to explore during low tide when a variety of marine creatures that live in the intertidal zone can be observed. On both sides of this cape are two wide beaches: Balsitas and Cabo Blanco. They are made of pebbly sand and are fringed with trees of enormous proportions. On the northern tip of Cabo Blanco Beach there is an awesome cliff that towers over the surrounding seascape. Balsitas Beach is sometimes used by sea turtles to lay their eggs.

Another interesting nature spot is in front of San Miguel Beach where about 1 kilometer seawards one can see the water bubbling on the surface from a point where two currents mix with gases released from the ocean floor.

La isla Cabo Blanco (arriba), una roca de paredes casi verticales, es uno de los puntos de referencia más visibles de la región. Durante la marea baja se forma una plataforma al extremo de Cabo Blanco, donde es posible observar diversos organismos marinos. A la derecha, aspecto del bosque que cubre la reserva.

Cabo Blanco Island (above), a rocky islet with almost sheer cliffsides, is the most visible landmark in the region. At low tide a ledge is exposed at the tip of Cabo Blanco where different sea creatures can be seen. Right, a view of the forest that grows in the reserve.

Cabo Blanco es uno de esos lugares donde el visitante puede disfrutar de la agradable sensación de sentirse en una playa totalmente desierta.

Cabo Blanco is one of those places where the visitor can enjoy the feeling of being completely alone on a deserted beach.

En Cabo Blanco existen tres áreas donde los pelícanos pardos (Pelecanus occidentalis), *arriba*, llegan a pasar la noche. El mono congo (Alouatta palliata), *abajo*, emite poderosos aullidos que se escuchan a gran distancia.

There are three areas in Cabo Blanco where brown pelicans (Pelecanus occidentalis), *above*, gather to spend the night. The howler monkey (Alouatta palliata), *below*, emits loud calls that can be heard for miles away.

105

Clasificar rocas y organismos marinos atrapados en las pozas de la zona entre mareas, es un ameno pasatiempo científico que puede ser practicado en Cabo Blanco. El oso colmenero (Tamandua mexicana), *derecha*, posee una lengua retráctil y viscosa que usa para atrapar hormigas y termitas.

Classifying rocks and marine animals caught in the tide pools of the intertidal zone is an enjoyable scientific hobby that can be practiced at Cabo Blanco. The northern tamandua (Tamandua mexicana), *right*, has a sticky, retractile tongue which it uses to catch ants and termites.

Gracias a los esfuerzos de un hombre, Olof Wessberg, hoy fallecido, fue posible que los bosques de Cabo Blanco hayan permanecido para el disfrute de todos los costarricenses.

Thanks to the efforts of one man, Olof Wessberg, now deceased, the forests of Cabo Blanco have been saved and will now remain to be enjoyed by all Costa Ricans.

Parque Nacional
Manuel Antonio
National Park

Manuel Antonio, a pesar de su reducido tamaño, cuenta con extraordinarios recursos paisajísticos. La fotografía aérea, que abarca la mayor parte del parque, muestra sus dos magníficas playas de arena blanca: Espadilla Sur, a la derecha, y Manuel Antonio, a la izquierda. Esta porción arenosa constituye un tómbolo que unió la tierra firme con la masa rocosa del fondo, llamada Punta Catedral.

Despite its small size, Manuel Antonio includes a large number of outstanding nature spots that are worth visiting. The aerial photograph, which takes in most of the park, shows two of its magnificent beaches of white sand: Espadilla Sur, to the right, and Manuel Antonio, to the left. This sandy stretch forms a tombolo that joins the mainland to the rocky mound in the background known as Cathedral Point.

682 Ha.

ES uno de los parques de mayor belleza escénica de todo el sistema. Su atractivo principal lo constituyen las playas Espadilla Sur y Manuel Antonio, de arena blancuzca, escaso oleaje, pendiente suave y aguas transparentes. Ambas playas presentan además un bosque alto siempreverde que crece hasta cerca de la línea de pleamar y que ofrece una sombra muy agradable.

Los principales hábitats del parque son el bosque primario, el bosque secundario, el manglar, las lagunas y la vegetación de playa. Algunas de las especies dominantes del bosque primario son el guácimo colorado *(Luehea seemannii)*, el pilón *(Hieronyma alchorneoides)*, el María *(Calophyllum brasiliense)*, el guapinol *(Hymenaea courbaril)*, el surá *(Terminalia chiriquensis)*, el guapinol negro *(Cynometra hemitomophylla)* —árbol maderable amenazado de extinción—, el lechoso *(Brosimum utile)* y el ceiba *(Ceiba pentandra)*. En el bosque secundario, que cubre antiguas áreas de cultivo o de pastoreo, las especies más comunes son la balsa *(Ochroma lagopus)*, el peine de mico *(Apeiba tibourbou)*, el guarumo *(Cecropia* sp.), el guácimo *(Guazuma tomentosa)*, el capulín blanco *(Muntingia calabura)* y el garrocho *(Quararibea guatemalteca)*. El manglar, que cubre 18 Ha., está constituido por los mangles colorado *(Rhizophora mangle)*, botoncillo *(Conocarpus erecta)* y mariquita *(Laguncularia racemosa)*.

Las lagunas de agua libre y las lagunas herbáceas, que ocupan pequeñas áreas dentro del parque, son muy importantes por la gran variedad de fauna acuática, aves y mamíferos que dependen de este hábitat. Las lagunas herbáceas son de poca profundidad y contienen vegetación de gramíneas y arbustos. La vegetación de playa está formada principalmente por el manzanillo *(Hippomane mancinella)* —que tiene látex y frutos venenosos—, el panamá *(Sterculia apetala)*, el roble de sabana *(Tabebuia rosea)*, el pochote de pelota *(Bombacopsis sessilis)*, el cocotero *(Cocos nucifera)* y el María. Hasta ahora se han podido identificar 346 especies de criptógamas vasculares y angiospermas en el parque.

La fauna es variada; se han distinguido 109 especies de mamíferos y 184 de aves. Un mamífero de gran interés por su reducido rango de distribución y que está amenazado de extinción, es el bello y gracioso mono ardilla *(Saimiri oerstedii)*. Desde la playa es factible observar perezosos de dos dedos *(Choloepus hoffmanni)*, perezosos de tres dedos *(Bradypus variegatus)*, mapachines *(Procyon lotor)*, pizotes *(Nasua nasua)*, monos congo *(Alouatta palliata)* y carablanca *(Cebus capucinus)*, y ardillas rojas *(Sciurus granatensis)*. En la playa anidan ocasionalmente tortugas verdes *(Chelonia mydas)* y loras *(Lepidochelys olivacea)*. Algunas de las especies de aves presentes son el pelícano o buchón *(Pelecanus occidentalis)*, el guaco *(Herpetotheres cachinnans)*, el gavilán pescador *(Busarellus nigricollis)*, el ibis blanco *(Eudocimus albus)*, la chachalaca olivácea *(Ortalis vetula)*, el cuyeo *(Nyctidromus albicollis)*, el cusingo o tucancillo piquianaranjado *(Pteroglossus frantzii)*, el martín pescador verde *(Chloroceryle americana)* y el gallito de agua *(Jacana spinosa)*.

La flora y fauna marinas son variadas; en las seis comunidades principales se han identificado 10 especies de esponjas, 19 de corales, 24 de crustáceos, 17 de algas y 78 de peces. El tiguacal *(Gecarcinus quadratus)* es una de las especies de cangrejos más abundantes y que más llaman la atención por sus atractivos colores; son de mediano a gran tamaño, y presentan caparazón azul claro, tenazas muy fuertes de color amarillo y patas de color rojo. Las especies de peces más abundantes del parque son el *Abudefduf saxatilis*, el *Pseudojulius notospilus*, el *Microspathodon dorsalis*, el *Stegastes acapulcoensis*, y el *Thalassoma lucasanum*.

El parque ofrece cuatro rasgos interesantes de observar; el primero es el tómbolo de punta Catedral, que unió la antigua isla Catedral con la costa y donde se encuentran las playas Espadilla Sur y Manuel Antonio. El segundo es el hoyo soplador de Puerto Escondido, que se debe apreciar cuando está subiendo la marea. El tercero es la punta Serrucho, formidable acantilado de superficie muy irregular que se asemeja a un serrucho y que presenta numerosas cuevas formadas por la acción del mar. El cuarto es la trampa submarina para tortugas, de origen precolombino, localizada al extremo O. de playa Manuel Antonio, y que constituye en la actualidad el mejor sitio para ver infinidad de pececillos durante la marea baja.

El parque incluye 12 islas que quedan a corta distancia de la costa; la mayoría de éstas casi no tienen vegetación —en algunas se encuentra la cañuela *Gynerium sagittatum*—, son excelentes refugios para las aves marinas y componen en particular una importante área de nidificación para el piquero moreno o monjita *(Sula leucogaster)*. En el mar son numerosos los delfines y a veces se observan ballenas emigrando.

682 Ha.

MANUEL Antonio is one of the most beautiful parks in the entire system. It is especially attractive because of the white sandy beaches at Espadilla Sur and Manuel Antonio which slope gently into unperturbed, crystal-clear water. The beaches are furthermore fringed by a tall evergreen forest, which grows right down to the high tide mark and provides pleasant shade.

The main habitats in the park are primary and secondary forest, mangrove swamp, marsh and littoral woodland. Some of the predominant species in the primary forest are the cotonron (*Luehea seemannii*), bully tree (*Hieronyma alchorneoides*), Santa Maria (*Calophyllum brasiliense*), locust (*Hymenaea courbaril*), nargusta (*Terminalia chiriquensis*), black locust (*Cynometra hemitomophylla*), a tree used for lumber that is in danger of extinction, cow tree (*Brosimum utile*), and silk cotton (*Ceiba petandra*). The secondary forest, which grows on terrain once used for farming and grazing, is composed primarily of balsa (*Ochroma lagopus*), monkey's comb (*Apeiba tibourbou*), trumpet tree (*Cecropia* sp.), bastard cedar (*Guazuma tomentosa*), capulin (*Muntingia calabura*), and swizzle-stick tree (*Quararibea guatemalteca*). The mangrove swamp, which grows over 18 Ha., is made up of red mangrove (*Rhizophora mangle*), bottonwood mangrove (*Conocarpus erecta*) and white mangrove (*Laguncularia racemosa*).

An extremely important habitat on which a large variety of aquatic animals, birds and mammals depend is composed of marsh and open water lagoons that are tucked away in small areas of the park. The marsh lagoons are shallow and covered with gramineous plants and shrubs. In the littoral woodland the predominant species is the manchineel (*Hippomane mancinella*), which produces poisonous fruits and latex, Panama wood (*Sterculia apetala*), mayflower (*Tabebuia rosea*), mapola (*Bombacopsis sessilis*), coconut (*Cocos nucifera*), and Santa Maria. 346 species of vascular cryptogams and angiosperms have been identified to date in the park.

There is a variety of wildlife in the park: 109 species of mammal and 184 of bird have been identified. One of the most interesting mammals observed is the squirrel monkey (*Saimiri oerstedii*) which lives within a very limited range in Costa Rica and is in danger of extinction. From the beach it is easy to see the two-toed sloths (*Choloepus hoffmanni*), three-toed sloths (*Bradypus variegatus*), common raccons (*Procyon lotor*), white-nosed coati, white-faced capuchin monkeys (*Cebus capucinus*), and tree squirrels (*Sciurus granatensis*). Occasionally Pacific green turtles (*Chelonia mydas*) and olive ridley turtles (*Lepidochelys olivacea*) nest on the beach. Some of the more common species of bird in the park are the brown pelican (*Pelecanus occidentalis*), guaco (*Herpetotheres cachinnans*), black-collared hawk (*Busarellus nigricollis*), white ibis (*Eudocimus albus*), white-collared cuejo (*Nyctidromus albicollis*), fiery-billed aracari (*Pteroglossus frantzii*), green kingfisher (*Chloroceryle americana*), and northern jacana (*Jacana spinosa*).

The marine life is very diverse: in the six main communities identification has been made of 10 species of sponge, 19 of coral, 24 of crustacean, 17 of algae and 78 of fish. The mouthless crab (*Gecarcinus quadratus*) is one of the most abundant species of crab and the most striking because of its brilliant colors. It is a medium-size crab with a light blue shell, very strong and bright yellow claws and red legs. The most numerous species of fish in the park are the *Abudefduf saxatilis*, *Pseudojulius notospilus*, *Microspathodon dorsalis*, *Stegastes acapulcoensis*, and *Thalassoma lucasanum*.

There are four especially interesting features of the park which can be visited. The first is the tombolo on Cathedral Point which joins the ancient Cathedral island to the mainland and where Espadilla Sur and Manuel Antonio Beaches are located. The second is the blow-hole at Escondido Harbor which is best viewed when the tide comes in. The third is Serrucho Point, an awesome, deeply eroded cliff that looks like a saw and that is honeycombed with sea caves. The fourth is the pre-Columbian underwater turtle trap on the western tip of Manuel Antonio Beach, which is also the best place to observe innumerable tiny fish at low tide.

The park includes 12 islands off the coast. Most of them are barren, although scandent bamboo (*Gynerium sagittatum*) grows on some. The islands provide an excellent refuge for sea birds and form an especially important nesting site for the brown booby (*Sula leucogaster*). There are numerous dolphins in these waters and sometimes whales can be seen on their migratory journeys.

En Manuel Antonio el bosque siempreverde llega hasta muy cerca de la línea de pleamar.

The evergreen forest at Manuel Antonio grows almost right down to the high tide mark.

El manzanillo de playa (Hippomane mancinella), *en la foto superior, es un árbol cuyos frutos, parecidos a una manzana, son tóxicos, A la izquierda, el tiguacal* (Gecarcinus quadratus), *que llama la atención por su gran tamaño y por la belleza de sus colores.*

The manchineel (Hippomane mancinella), *above, is a tree with fruit like apples but which are poisonous. Left, the mouthless crab* (Gecarcinus quadratus) *which is particularly striking because of its large size and brilliant colors.*

113

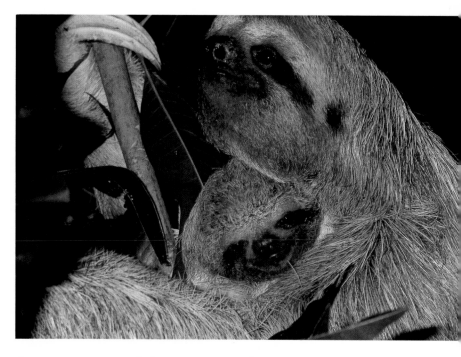

Los cocoteros son más bien escasos en el parque, donde parece que fueron introducidos hace muchos años. El perezoso de tres dedos (Bradypus variegatus) es una de las especies que pueden ser observadas por los visitantes del parque desde la playa misma (fotografía superior).

Coconut palm trees do not abound in the park where they were introduced many years ago. The three-toed sloth (Bradypus variegatus) is one of the species that can be seen by visitors to the park from the beach itself (above).

El copey (Clusia major) *es una especie cuyas semillas, diseminadas por las aves, germinan sobre otro árbol y crecen sobre éste, envolviéndolo hasta terminar por estrangularlo y reemplazarlo.*

Cupey (Clusia major) *is a species that produces seeds that are scattered by birds over other trees where they germinate and grow until they eventually strangle and replace their hosts.*

115

Reserva Biológica
Isla del Caño
Biological Reserve

La isla del Caño tiene un gran interés arqueológico y geológico. Por una parte, fue un gran cementerio indígena, y por otra, es un relieve relicto producto del movimiento de las placas tectónicas denominadas Cocos y Caribe.

Caño Island is of great interest from both an archeological and geological point of view. On the one hand, it was an indigenous cemetery, and on the other, it is a relict mountain formed by the plate tectonic setting of the Cocos and Caribbean plates.

300 Ha. (porción terrestre); 5.800 Ha. (porción marina)

L A isla tiene una gran significación arqueológica por cuanto fue usada como cementerio precolombino. Todavía es posible observar aquí algunas esferas de piedra de una redondez casi perfecta hechas por los indígenas.

Geológicamente es producto del movimiento de placas tectónicas, en este caso de la subducción o hundimiento de la placa de Cocos debajo de la placa del Caribe, a lo largo de la fosa Mesoamericana. La edad de este relieve relicto es de unos 40-50 millones de años y, según parece, está emergiendo a razón de 10 m. cada 1.000 años.

La isla presenta una amplia altiplanicie de unos 90 m. de alto, que está cubierta por un bosque siempreverde de gran altura, constituido principalmente por enormes árboles, de hasta 50 m., de vaco (*Brosimum utile*), también llamado árbol de la leche a causa del látex blanco que exuda y que puede beberse. Otras especies de árboles grandes existentes son el guapinol (*Hymenaea courbaril*), el higuerón (*Ficus* sp.) y el *Calophyllum macrophyllum*. Algunos de los árboles de menor tamaño también presentes son el cacao silvestre (*Amphitecna latifolia*), el hule (*Castilla falax*), el *Pentagonia gymnopoda* y el *Casearia aculeata* —muy típico por sus grandes y atractivas espinas.

El hecho de que la parte central de la isla contenga un bosque casi puro de vaco, y que su superficie haya estado en un tiempo casi completamente cubierta de entierros, parece indicar que la actual flora de la isla es lo que queda de lo que fue un huerto de estos árboles plantado por los indígenas. El vaco tiene semillas grandes comestibles y se cree que fue plantado aquí para proteger sus frutos del ataque de loros, saínos (*Tayassu tajacu*) y roedores, que abundan en tierra firme.

La fauna es escasa, posiblemente debido a la desaparición del bosque natural. Algunas de las pocas aves que es posible observar son la garza del ganado (*Bubulcus ibis*), el gavilán cangrejero (*Buteogallus anthracinus*), el águila pescadora (*Pandion haliaetus*), el piquero moreno o monjita (*Sula leucogaster*), el falaropo picofino (*Lobipes lobatus*), el charrán chico (*Sterna antillarum*) y la teñosa café (*Anous stolidus*). La entomofauna residente de la isla está reducida a unas 5 especies de escarabajos, 4 de mariposas diurnas, 2 de mariposas nocturnas, 7 de abejas —la población de dos abejas del género *Euglossa* se cuenta por miles—, varias de hormigas y otros insectos. Con respecto al resto de la fauna sólo se han observado el zorro cuatro ojos (*Philander opossum*), el tepezcuintle (*Agouti paca*) —introducido—, la culebra boa (*Boa constrictor*), las ranas parda (*Smilisca phaeota*), ternero (*Leptodactylus pentadactylus*) y transparente (*Centrolenella fleishmanni*) y algunas especies de ratas, murciélagos, culebras pequeñas y lagartijas.

La fauna de las charcas de marea es muy variada; además de infinidad de peces, abundan las estrellas frágiles (*Ophiocoma* sp.) y los erizos (*Echinometra* sp. y *Diadema* sp.). Sobre las rocas se encuentran los moluscos cascos de mula (*Siphonaria gigas*), las lapas (*Fissurella* spp.) —que se observan en gran cantidad—, los quitones o cucarachas de mar (*Chiton stokesii*), los burgados (*Nerita* spp.) y los cangrejos marinera (*Grapsus grapsus*) —especie muy abundante de la cual es común encontrar sus exoesqueletos adjheridos a las rocas—. Dos especies amenazadas de extinción localizadas en las aguas alrededor de la isla son las langostas (*Panulirus* sp.) y los cambutes (*Strombus galeatus*).

Alrededor de la isla se encuentran cinco plataformas o bajos arrecifales en los que se han distinguido 15 especies de corales escleractinios; el más abundante es *Porites lobata*, el cual se encuentra presente en todo el arrecife en grandes cantidades. Otras especies de corales localmente abundantes son *Pavona clavus*, *Pocillopora damicornis*, *P. elegans*, y *Psammocora superficialis*. Algunos de los organismos coralívoros —depredadores de coral— existentes son los peces *Arothron meliagris* y *Pseudobalistes naufragium*, los moluscos *Janneria pustulata* y *Quoyula monodontica*, los cangrejos ermitaños *Trizopagurus magnificus* y *Aniculus* sp., la estrella de mar *Acanthaster planci* y los erizos *Diadema mexicanum* y *Eucidaris thouarcii*.

La isla del Caño se localiza a unos 20 km. al O. de la península de Osa, su altura máxima es de 110 m. y la mayor parte de su costa es de acantilados de hasta 70 m. de alto. Las playas son pequeñas, de arenas blancuzcas, de no más de 100 m. de longitud y algunas casi desaparecen durante la marea alta. Con marea baja es posible recorrer grandes trayectos por la costa, caminando por las playas y por una especie de plataforma rocosa que rodea buena parte de la isla, y en la cual se forman innumerables charcas de marea. Un antiguo faro localizado al extremo SO. de la isla permite desde su cima observar el bosque y gran parte de la costa.

300 Ha. (land sector); 5,800 Ha. (sea sector)

CAÑO Island is the site of a pre-Columbian cemetery that is of enormous archeological value. It is still possible to see some of the perfectly round stone spheres made by the former native Indian peoples.

A geological study of the island reveals that it was formed as a result of plate tectonics setting, in this case the subduction or sinking of the Cocos Plate underneath the Caribbean Plate along the Middle American Trench. The age of this relict mountain is approximately 40-50 million years old and it is emerging at a rate of 10 meters every 1,000 years.

The island rises to a fairly wide plateau some 90 meters high which is covered with very tall evergreen forest. The predominant specie is the cow tree *(Brosimum utile)* which grows up to 50 meters high. It is also known as the milk tree because of the white latex it exudes which can be drunk like milk. Other species of giant trees are the locust *(Hymenaea courbaril)*, wild fig *(Ficus sp.)*, and the *Calophyllum macrophyllum*. Some of the smaller trees that grow on the island are the wild cocoa *(Amphitecna latifolia)*, rubber tree *(Castilla fallax)*, *Pentagonia gymnopoda*, and *Casearia aculeata*, which is very characteristic because of its beautiful large thorns.

The fact that there is an almost pure milk tree grove in the central part of the island and that it was used at one time as a burial ground, has led to the conjecture that the plant life of the island today is what is left of an orchard planted by the native Indians with these trees. The cow tree has large edible seeds and it would seem that it was planted here to protect its fruits from raids by parrots, collared peccaries *(Tayassu tajacu)* and rodents which abound on the mainland.

There is not very much wildlife on the island, possibly due to the disappearance of the natural forest. Some of the few birds that can be seen are the cattle egret *(Bulbulcus ibis)*, common black-hawk *(Buteogallus anthracinus)*, osprey *(Pandion haliaetus)*, brown booby *(Sula leucogaster)*, northern phalarope *(Lobipes lobatus)*, least tern *(Sterna antillarum)*, and brown noddy *(Anous stolidus)*. The insect population of the island is limited to 5 species of beetle, 4 of butterfly, 2 of moth, 7 of bees (the 2 populations of the *Euglossa* genus number in the thousands), and several of ants and other insects. Animals that have been observed in the reserve include the gray four-eyed opossum *(Philander opossum)*, paca *(Agouti paca)*, which was introduced, boa constrictor *(Boa constrictor)*, brown tree frog *(Smilisca phaeota)*, great frog *(Leptodactylus pentadactylus)*, and transparent tree frog *(Centrolenella fleishmanni)*, and several species of rats, bats, small snakes and lizards.

The marine life in the tide pools is more varied. In addition to innumerable fish, there are large populations of brittle star *(Ophiocoma* sp.*)* and sea urchins *(Echinometra* sp. and *Diadema* sp.*)*. Clinging to the rocks are shore limpet mollusks *(Siphonaria gigas)*, keyhole limpets *(Fissurella* spp.*)*, which are very abundant, chitons *(Chiton stokesii)*, nerites *(Nerita* spp.*)*, and Sally lightfoot crabs *(Grapsus grapsus)*, a very populous species of which the exoskeletons can be frequently seen stuck to the rocks. Two species that are in danger of extinction which are protected by the waters of the reserve are the lobster *(Panulirus* sp.*)* and giant conch *(Strombus galeatus)*.

The island is surrounded by five platforms or low coral reefs where 15 species of stony coral have been observed. The most abundant specie is *Porites lobata* which grows all over the reef in large colonies. Other abundant coral species are the *Pavona clavus*, *Pocillopora damicornis*, *P. elegans*, and *Psammocora superficialis*. Some of the coral-eaters that thrive in these waters are the *Arothron meliagris* and *Pseudobalistes naufragium* fish, the *Janneria pustulata* and *Quoyula monodontica* mollusks, land hermit crabs *(Trizopagurus magnificus* and *Aniculus* sp.*)*, the *Acanthaster planci* starfish and the *Diadema mexicanum* and *Eucidaris thouarcii* sea urchins.

Caño Island is located some 20 kilometers west of the Osa Peninsula. Its highest point is 110 meters above sea level and most of its coastline is made up of cliffs that climb as high as 70 meters. The white sandy beaches are small, no longer than 100 meters, and some almost disappear at high tide. At low tide, it is possible to walk along the coast for some distance, following the beaches and a kind of rocky ledge that surrounds a large portion of the island and where innumerable tide pools form. An old lighthouse on the southwestern tip of the island affords a view of the forest and a great deal of coastline from the look-out platform.

*La isla muestra gran diversidad de organismos de la zona
entre mareas. Una especie común es el molusco casco
de mula (Siphonaria gigas), foto superior. El centro de la
isla tiene un bosque casi puro de vacos (Brosimum
utile). Ello ha dado lugar a la teoría de que la isla fue un
gran huerto de vacos plantados por los indígenas
(derecha).*

*The island features a great variety of marine creatures in
the intertidal zone. A common species is the shore
limpet (Siphonaria gigas), above. In the center of the
island there is an almost pure stand of cow tree
(Brosimum utile). This has led to the belief that the
island was a large orchard of cow trees planted by the
indigenous peoples (right).*

En la isla todavía es posible observar algunas
esferas de piedra, de una redondez casi perfecta,
hechas por los indígenas. La diversidad de epífitas
(izquierda), es extraordinaria. En la fotografía, una
planta muy ornamental de Philodendron
pterotum.

It is still possible to see several almost perfectly
round stone spheres made by the Indians (above).
The variety of epiphytic plants is astonishing. In
the photograph, a very decorative plant of the
Philodendron pterotum species.

Refugio Nacional de Fauna Silvestre

Golfito
National Wildlife Refuge

El refugio Golfito se ha convertido en una pequeña isla de vegetación en medio de tierras de labranza. Sus bosques son altos, siempreverdes y todavía poco explorados biológicamente. La fauna no es muy abundante, con excepción de la entomofauna y la herpetofauna. El lagarto o camaleón (Corytophanes cristatus) es una especie poco común en el refugio que tiene la característica de permanecer inmóvil, como estrategia para escapar de sus depredadores.

Golfito National Wildlife Refuge has become an isolated patch of wilderness in the middle of encroaching farmlands. Its forests are tall evergreens that have not yet been thoroughly studied. There is little wildlife, with the exception of insects, amphibians and reptiles. The chameleon (Corytophanes cristatus) is a rare species that lives in the refuge. It is noted for its ability to remain motionless, a tactic it uses to escape its predators.

1.309 Ha.

ES un área de topografía irregular y de alta pluviosidad. El bosque es siempreverde, denso y de gran altura; el estrato emergente está constituido por enormes árboles de guabo *(Pithecellobium macradenium)*, ceiba *(Ceiba pentandra)* —cuyos frutos producen kapok, un algodón que envuelve las semillas y que se usa como relleno—, canfín *(Tetragastris panamensis)* —que emite un agradable y distintivo olor aromático—, ajo *(Caryocar costaricense)* —que puede alcanzar hasta casi 50 m. de altura, lo que le distingue como uno de los más altos del bosque—, María *(Calophyllum brasiliense)* —que contiene un característico látex amarillo pegajoso en el tronco y las hojas—, nazareno *(Peltogyne purpurea)* —que produce una madera pesada de bellísimo color púrpura ideal para muebles y artesanía—, manú *(Minquartia guianensis)* —cuya madera, dura y pesada, puede durar más de treinta años en contacto con el suelo—, plomo *(Tachigalia versicolor)* —cuyas fuertes e impresionantes gambas ascienden a más de 6 m. de altura—, espavel *(Anacardium excelsum)* —que se observa muy a menudo creciendo a la orilla de las quebradas—, pilón *(Hieronyma alchorneoides)* —árbol fácil de reconocer a distancia por presentar hojas color rojo brillante diseminadas por el dosel—, y vaco *(Brosimum utile)* —que produce un látex blanco que se puede beber a manera de leche.

Algunos de estos grandes árboles como el manú, el ajo, el plomo y el nazareno se encuentran en peligro de extinción por sobreexplotación en el país. Una palma bastante común es la chonta *(Astrocaryum standleyanum)* —que presenta características raíces delgadas tipo zanco de unos 2 m. de altura—. Una rareza botánica que se encuentra en este refugio es un árbol del género *Caryodaphnopsis*, de la familia Lauraceae; este género es asiático y sólo ha sido encontrado una vez en la Amazonía Peruana. En el sotobosque son muy abundantes la *Zamia pseudoparasitica* —planta primitiva semejante a una palmera pequeña—, y las heliconias o platanillos *(Heliconia* spp.), de bellas flores amarillas, rojas o anaranjadas. Con base en las investigaciones preliminares llevadas a cabo hasta ahora en el refugio, se han logrado identificar 125 especies de árboles y arbustos.

Algunos de los mamíferos aquí presentes son el saíno *(Tayassu tajacu)* —un animal altamente social que anda siempre en grupos de 3 hasta más de 30 individuos—, el tepezcuintle *(Agouti paca)* —animal nocturno que se encuentra desde el nivel del mar hasta los 2.000 m. de elevación, tanto en bosques secos como muy húmedos—, la guatuza *(Dasyprocta punctata)* —animal que tiene la costumbre de enterrar las semillas de que se alimenta, con el propósito de guardarlas, con lo cual contribuye a la dispersión de algunas especies de árboles—, el mapachín *(Procyon lotor)* —animal omnívoro que se alimenta de organismos marinos, animales pequeños vivos o muertos, frutos y semillas—, el pizote *(Nasua nasua)* —que presenta una bella cola anillada tan larga como el resto del cuerpo, que a menudo la lleva levantada—, la rata algodonera *(Sigmodon hispidus)* —frecuente en los claros de bosques o en pastizales— y la taltuza *(Orthogeomys* sp.) —que vive en amplias galerías que ella misma construye en el suelo.

El refugio tiene particular importancia para la conservación de las aguas que surten a la cercana ciudad de Golfito, y es en general muy poco conocido biológicamente.

1,309 Ha.

THE Golfito Refuge is a wilderness area of rugged terrain that receives a large amount of rainfall. The forest is dense, tall and evergreen. The emergent layer consists of huge specimens of yellow saman *(Pithecellobium macradenium)*; silk cotton *(Ceiba pentandra)*, the fruits of which produce *kapok*, a cotton-like substance that covers the seeds and is used for stuffing; copal *(Tetragastris panamensis)*, which gives off a pleasant and distinctive aromatic fragrance; butternut *(Caryocar costaricense)*, which can grow up to 50 meters high, making it one of the tallest trees in the forest; Santa Maria *(Calophyllum brasiliense)*, which exudes a characteristic sticky, yellow latex on its trunk and leaves; purple heart *(Peltogyne purpurea)*, which produces a beautiful purple hard wood that is perfect for making furniture and woodcrafts; manwood *(Minquartia guianensis)*, which has a thick, heavy wood that can last for over 30 years on the ground without decomposing; plomo *(Tachigalia versicolor)*, which has awesome, thick buttresses that climb up over 6 meters high; espave *(Anacardium excelsum)*, which can be frequently seen growing at the edge of the river canyons; bully tree *(Hieronyma alchorneoides)*, a tree that is easily seen from a distance because of the brilliant red leaves scattered over its canopy; and cow tree *(Brosimum utile)*, which produces a white latex that can be drunk like milk.

Some of these giants of the forest, such as the manwood, butternut, plomo and purple heart, are in danger of extinction because of the widespread use made of them throughout the country. A fairly common palm tree is the black palm *(Astrocaryum standleyanum)*, which characteristically has thin, stilt roots that grow about 2 meters tall. A botanical rarity found in the refuge is a tree of the Lauraceae family in the *Caryodaphnopsis* genus. This is an Asiatic genus that has been discovered only once before in the Amazon region of Peru. The *Zamia pseudoparasitica*, a primitive plant similar to a dwarf palm, grows abundantly in the understorey together with heliconias *(Heliconia* spp.) with their exquisite yellow, red and orangish-colored flowers. Based on the preliminary research carried out to date in the refuge, 125 species of trees and shrubs have been identified.

Some of the mammals that have been seen in the refuge include the collared peccary *(Tayassu tajacu)*, a highly social animal that always lives in groups from 3 to more than 30 individuals; paca *(Agouti paca)*, a nocturnal animal that lives as easily in the dry forest at sea level as at 2,000 meters high in the rain forest; agouti *(Dasyprocta punctata)*, an animal that has the habit of burying the seeds that it lives on to store them away, with which it helps spread several species of trees; common racoon *(Procyon lotor)*, an omnivorous animal that eats marine creatures, small animals (dead or alive), fruits and seeds; white-nosed coati *(Nasua nasua)*, which has a beautiful ringed tail as long as the rest of its body so that it often carries it straight up; hispid cotton rat *(Sigmodon hispidus)*, which is frequently seen in the forest clearings or grasslands; and pocket gopher *(Orthogeomys* sp.), which lives in a network of burrows that it makes in the ground.

The refuge is essential for the conservation of the water supply for the near-by city of Golfito. Biologically, it is not very well known in general.

En Golfito es común observar a los árboles más grandes *(izquierda)*, cargados de epífitas. Las heliconias *(abajo)*, como Heliconia longiflora, son comunes en el sotobosque.

Huge trees loaded with a profusion of epiphytic plants are a common sight in the refuge *(left)*. Heliconias *(above)*, such as the Heliconia longiflora, are abundant in the understorey.

La alta pluviosidad de la zona se manifiesta en el refugio por la abundancia de quebradas (izquierda). Cerca de éstas, se pueden observar las bellas mariposas morfo (Morpho peleides) y (Morpho limpida) (derecha).

The heavy rainfall that the refuge receives is made evident by the presence of numerous rushing streams (left). Close by, lovely morpho butterflies (Morpho peleides and Morpho limpida) can be seen (right).

127

Parque Nacional
Corcovado
National Park

Corcovado está localizado en una de las zonas de mayor precipitación del país, lo que permite que la selva tropical lluviosa crezca aquí en todo su esplendor. En la fotografía se muestra el área conocida como laguna de Corcovado, un pantano herbáceo rodeado por yolillales, bosques pantanosos y bosques de llanura.

Corcovado is located in one of the regions with the heaviest rainfall in the country. This favors the growth of tropical rain forests in all their splendor. The photograph is a view of an area known as Lake Corcovado, an herbaceous swamp surrounded by holillo forest, swamp forest and alluvial plain forest.

41.788 Ha.

ES una de las áreas más lluviosas del país —hasta 5.500 mm. en los cerros más elevados—. Los principales hábitats del parque son el bosque de montaña —que cubre más de la mitad del parque y contiene la mayor variedad de especies de flora y fauna del área—, el bosque nuboso —que se encuentra en las partes más elevadas y es muy rico en robles (*Quercus* spp.) y en helechos arborescentes—, el bosque de llanura —que ocupa toda la parte aluvial del parque y está formado por diversas asociaciones edáficas e hídricas—, el bosque pantanoso —el cual permanece inundado casi todo el año—, el yolillal —con predominio de la palma *Raphia taedigera*—, el pantano herbáceo de agua dulce o laguna de Corcovado —que mide unas 1.000 Ha. y constituye un enorme refugio para la fauna—, el manglar —que se encuentra en los esteros de los ríos Llorona, Corcovado y Sirena— y la vegetación de costa.

Existen unas 500 especies de árboles en todo el parque, lo que representa una cuarta parte de todas las especies arbóreas que existen en Costa Rica. Algunos de los árboles más grandes —verdaderos gigantes del bosque que alcanzan de 40 a 50 m. de altura—, son el nazareno (*Peltogyne purpurea*), el poponjoche (*Huberodendron allenii*), el guayabón (*Terminalia chiriquensis*), el sangre drago (*Virola koschnyi*), el ojoche (*Brosimum terrabanum*), el espavel (*Anacardium excelsum*) y el cedro macho (*Carapa guianensis*). En la parte llana se encuentra lo que parece ser el árbol más alto del país: un ceiba (*Ceiba pentandra*) de más de 70 m. de altura.

La fauna de Corcovado es tan variada y rica como su flora. El parque protege diversas especies que están en peligro de extinción en el país y en la mayor parte de la América Tropical, tales como felinos y reptiles grandes; alberga además algunas especies de aves endémicas o de distribución muy restringida. En términos generales se conoce la existencia de 140 especies de mamíferos, 367 de aves, 117 de anfibios y reptiles y 40 de peces de agua dulce, y se estima que existen unas 6.000 de insectos.

Algunos de los mamíferos presentes, que se encuentran amenazados de extinción, son la danta (*Tapirus bairdii*) —muy abundante en los yolillales y áreas pantanosas que bordean la laguna de Corcovado—, el jaguar (*Felis onca*), el puma (*Felis concolor*), el manigordo (*Felis pardalis*) y el oso caballo u oso hormiguero gigante (*Myrmecophaga tridactyla*). Es importante indicar que en el parque es frecuente encontrar grandes manadas de cariblancos (*Tayassu pecari*) —especie que casi ha desaparecido del Pacífico Seco—, y se encuentran las cuatro especies de monos que existen en el país, a saber, el congo (*Alouatta palliata*), el carablanca (*Cebus capucinus*), el colorado (*Ateles geoffroyi*) y el ardilla (*Saimiri oerstedii*).

El parque protege la población más grande de lapas rojas (*Ara macao*) del país. Otras especies de aves presentes son el zopilote rey (*Sarcoramphus papa*), el gavilán blanco (*Leucopternis albicollis*) —fácil de identificar por posarse en las partes más altas de los árboles y ser casi todo de color blanco—, la paloma morada (*Columba nigrirostris*), el catano o zapoyolito (*Brotogeris jugularis*), el colibrí pico de hoz (*Eutoxeres aquila*), el tucán pico bicolor o gran curré negro (*Ramphastos swainsonii*), el cacique picoplata (*Amblycercus holosericeus*) —todo de color negro con pico amarillo claro—, el sargento (*Ramphocelus passerinii*), la gallina de monte o gongolona (*Tinamus major*), el martín peña (*Tigrisoma mexicanum*), el gallito de agua (*Jacana spinosa*) —muy abundante en las áreas pantanosas—, la pava granadera (*Penelope purpurascens*), y la tangara hormiguera carinegra (*Habia atrimaxillaris*). Un ave que ha sido observada en el parque, pero cuyo status es incierto, es el águila harpía (*Harpia harpyja*), el ave de rapiña de mayor tamaño del mundo.

La fauna herpetológica no se queda a la zaga en riqueza y diversidad. Se ha podido determinar que en el parque existen 20 especies de saurios, 33 de ofidios o serpientes, 48 de ranas y sapos y 7 de tortugas, además de salamandras, cocodrilos y caimanes. Los cocodrilos (*Crocodylus acutus*) en particular, comunes en ciertas áreas del parque, como la laguna de Corcovado, son reptiles muy amenazados de extinción. Tres especies de anfibios que llaman mucho la atención son las ranitas de vidrio (*Centrolenella valerioi* y *C. colymbiphyllum*), en las cuales las vísceras y el corazón son visibles a través de la piel, y el sapo venenoso (*Dendrobates granuliferus*), especie endémica en Costa Rica. En la extensa playa Llorona desovan con relativa abundancia las tortugas marinas carey (*Eretmochelys imbricata*), baula (*Dermochelys coriacea*), verde (*Chelonia mydas*) y lora (*Lepidochelys olivacea*).

El principal problema de protección que tiene este parque nacional es el de controlar a los buscadores ilegales de oro que penetran en las partes S. y SE., donde este metal se encuentra en los ríos y en sus orillas.

41,788 Ha.

CORCOVADO is one of the rainiest regions in the country with records of up to 5,500 mm. of rainfall on the highest peaks. The main habitats in the park are montane forest, which covers over half of the parkland and has the greatest variety of plant and animal life in the area; cloud forest, which grows in the upper reaches of the park and has a wealth of oak trees *(Quercus spp.)* and tree ferns; alluvial plains forest, which covers the lowlands and is composed of a series of species associated with the soil and water of the park; swamp forest, which is covered with water almost all year round; holillo forest with a predominant growth of the *Raphia taedigera* palm; freshwater herbaceous swamp, also known as Corcovado Lagoon, which covers approximately 1,000 Ha. and provides a vast refuge for the wildlife of the park; mangrove swamp, which is located on the estuaries of the Llorona, Corcovado and Sirena Rivers; and rocky and sandy vegetation.

There are 500 species of trees in the entire park, which is a fourth of all the tree species that exist in Costa Rica. Some of the largest trees, veritable giants of the forest, that grow to 40 and 50 meters high, are the purple heart *(Peltogyne purpurea)*, poponjoche *(Huberodendron allenii)*, nargusta *(Terminalia chiriquensis)*, banak *(Virola koschnyi)*, cow tree *(Brosimum terrabanum)*, espave *(Anacardium excelsum)*, and crabwood *(Carapa guianensis)*. In the lowlands stands what is probably the tallest tree in the country, an enormous silk cotton soaring to a height of over 70 meters.

The wildlife in Corcovado is as abundant and varied as its plant life. The park protects several species that are in danger of extinction both in Costa Rica and in the greater part of the American tropics, such as large felines and reptiles. The park is also the home of several bird species that are either endemic or of limited range. In general it is known that there are 140 species of mammals, 367 of birds, 117 of amphibians and reptiles and 40 of freshwater fish, and it is estimated that approximately 6,000 insects live in the park, including the 123 butterflies discovered so far. Some of the Corcovado mammals that are in danger of extinction are the tapir *(Tapirus bairdii)*, which is very numerous in the holillo forest and the swampy areas that border Corcovado Lagoon, jaguar *(Felis onca)*, cougar *(Felis concolor)*, ocelot *(Felis pardalis)*, and giant anteater *(Myrmecophaga tridactyla)*. It is important to point out that large herds of white-lipped peccaries *(Tayassu pecari)*, a species that has almost disappeared from the Dry Pacific, are frequently found in the park. The four species of monkeys that live in Costa Rica are all present in Corcovado: howler monkey *(Alouatta palliata)*, white-faced capuchin monkey *(Cebus capucinus)*, spider monkey *(Ateles geoffroyi)* and squirrel monkey *(Saimiri oerstedii)*.

The park also protects the largest population of scarlet macaws *(Ara macao)* in the country. Other bird species that live here are the king vulture *(Sarcoramphus papa)*, white hawk *(Leucopternis albicollis)*, which is easy to identify as it perches in the very top of the trees and is almost completely white, short-billed pigeon *(Columba nigrirostris)*, tovi parakeet *(Brotogeris jugularis)*, bronze-tailed sicklebill *(Eutoxeres aquila)*, keel-billed toucan *(Ramphastos swainsonii)*, prevost cacique *(Amblycercus holosericeus)*, which is completely black with a light yellow beak, plush tanager *(Ramphocelus passerinii)*, great tinamou *(Tinamus major)*, Mexican tiger-bittern *(Tigrisoma mexicanum)* and northern jacana *(Jacana spinosa)*. Sightings have been made in the park of the harpy eagle *(Harpia harpyja)*, which is the largest bird of prey in the world, but its status is not well known.

The herpetological fauna is not far behind in terms of variety and number. Studies carried out in the park have recorded 20 species of saurians, 33 of ophidians or snakes, 48 of toads and frogs, and 7 of turtles, besides salamanders, crocodiles and caimans. The American crocodile *(Crocodylus acutus)* in particular, which is frequently seen in certain areas of the park such as Corcovado Lagoon, is a reptile that is in danger of extinction. Three species of amphibians that are especially noteworthy are the glass frogs *(Centrolenella valeriori* and *C. cólymbiphyllum)*, which are so transparent that their internal organs can be seen through their skin, and the poison dart frog *(Dendrobates granuliferus)*, which is a specie endemic to Costa Rica. The wide beach at Llorona is a frequently used nesting site for marine turtles.

The main conservation problem that faces this national park is preventing the entrance of illegal gold miners who sneak into the southern and southeastern sectors where this prized metal is found in rivers and their banks.

Sentarse a la orilla de una quebrada, en el interior de la selva, y escuchar los múltiples sonidos causados por el viento, el agua y los animales, es gratificante para toda persona que ame la naturaleza.

Sitting by the edge of a stream in the depths of the jungle and listening to the symphony of sounds from wind, water and animals, is a rewarding experience for anyone who loves Nature.

El Parque Nacional
Corcovado protege la
población más grande
de lapas rojas (Ara
macao) del país.

Corcovado National
Park protects the largest
population of scarlet
macaw (Ara macao) in
the country.

Corcovado cuenta con
48 especies de ranas y
sapos. La rana
arborícola Hyla
ebraccata, es una de las
más conspicuas por la
belleza de sus colores.

There are 48 species of
frogs and toads in
Corcovado. The Hyla
ebraccata tree frog is
one of the most
conspicuous because of
its brilliant colors.

La ceibita o serafín del platanar (Cyclopes didactylus) *podría ser el modelo ideal para un animal de peluche para niños. Este pequeño oso hormiguero está amenazado de extinción.*

The silky anteater (Cyclopes didactylus) *could be an ideal model for a child's stuffed toy. This little anteater is in danger of extinction.*

Un colibrí ermitaño bronceado (Glaucis aenea) *libando el néctar de una flor de granadilla de monte* (Passiflora vitifolia).

A bronzy hermit hummingbird (Glaucis aenea) *drinking nectar from a flower of the passion fruit tree* (Passiflora vitifolia).

Extremo septentrional de la extensa playa Llorona. En la fotografía de la página izquierda destaca una cascada que cae directamente a la playa y que constituye uno de los puntos de referencia más conocidos del parque. La terciopelo (Bothrops asper), *izquierda*, es la serpiente venenosa más común del país y una de las 33 especies de ofidios que se encuentran en el parque.

The northern tip of the long stretch of Llorona Beach. In the photograph on the left page, a spectacular waterfall that plunges straight down to the beach which makes it one of the most well-known landmarks in the park. The fer-de-lance (Bothrops asper), *left, is the most common poisonous snake in the country and one of the 33 species of serpents that live in the park.*

El cocodrilo (Crocodylus acutus) *es una especie en peligro de extinción. En el parque abunda en la laguna de Corcovado.*

The crocodile (Crocodylus acutus) *is an endangered species. There is a large population in Lake Corcovado.*

El cariblanco (Tayassu pecari) *es un mamífero activo tanto de día como de noche. En Corcovado frecuentemente se le encuentra en grandes manadas.*

The white-collared peccary (Tayassu pecari) *is a mammal that is active both by day and at night. The visitor can frequently come across large herds in Corcovado.*

La rana roja venenosa (Dendrobates granuliferus) *tiene glándulas venenosas en su piel. Su coloración es considerada como señal de peligro para potenciales predadores.*

The arrow-poison frog (Dendrobates granuliferus) *has sacs of venom under its skin. Its coloring serves as a warning to potential predators.*

Un matapalo (Ficus *sp.*) *creciendo sobre uno de los gigantes de la selva. El matapalo terminará por estrangularlo y tomará su lugar.*

A wild fig (Ficus *sp.*) *growing over one of the giants of the forest. The fig will eventually strangle its host and take its place.*

Parque Nacional
Isla del Coco
National Park

La isla del Coco, o isla de Cocos, es famosa tanto por los tres tesoros que fueron escondidos allí por William Davies, Benito Bonito y William Thompson, entre 1684 y 1821, como por su interés científico. La isla está cubierta por un bosque siempreverde, rico en especies endémicas de plantas y animales. En la fotografía, cascada en el río Genio, uno de los múltiples ríos y quebradas que se forman a causa de la alta precipitación que se presenta en esta zona.

Besides its scientific interest, Cocos Island is famous for three buried treasures that were hidden here by William Davies, Benito Bonito and William Thompson between 1684 and 1821. The island is covered by dense evergreen forests that protect an abundance of endemic plants and animals. In the photograph, the waterfall in the Genio River, one of the many waterways that form on the island as a result of the heavy rainfall in the region.

2.400 Ha. (porción terrestre); 18.575 Ha. (porción marina)

L A isla del Coco, un «bouquet de verdor en medio de los mares», como ha sido llamada, fue descubierta por el piloto español Joan Cabezas, según parece hacia el año 1526. Debido a la existencia de cocoteros y de abundante agua potable, la isla se hizo muy conocida y se constituyó en un buen refugio para los piratas y corsarios que florecieron a lo largo de las costas pacíficas de la América Española en los siglos XVII y XVIII.

La isla es famosa por los tres tesoros que fueron escondidos aquí por William Davies, Benito «Espada Sangrienta» Bonito y William Thompson, entre 1684 y 1821. El Tesoro de Lima, escondido aquí por Thompson, es sin duda el más valioso de todos; consistía en toneladas de lingotes de oro y plata, láminas de oro que cubrían las cúpulas de las iglesias, y ornamentos, utensilios e imágenes de las mismas, particularmente una imagen de la Virgen y el Niño, de tamaño natural y de oro puro. Se considera que la isla ha sido escondite para más tesoros piratas que cualquier otro lugar en el mundo. Hasta ahora, más de 500 expediciones los han buscado, habiéndose encontrado únicamente, según la información disponible, unos cuantos doblones. Para algunos autores, el famoso escritor Robert L. Stevenson se inspiró en las historias de los tesoros de la Isla del Coco para escribir su famosa novela *La Isla del Tesoro*. En septiembre de 1869 el Gobierno de costa Rica organizó una expedición oficial para buscar el tesoro, y el 15 de ese mes se enarboló la bandera en lo alto de un palo de balsa y se tomó posesión de la isla.

Aparte de las riquezas materiales, es la naturaleza lo que ha atraído a los muchos científicos y naturalistas que han visitado el área; por su gran distancia del continente, el sitio es considerado como un laboratorio natural para el estudio de la evolución de las especies. Hasta ahora se han identificado 235 especies de plantas —unas 70 endémicas—, 85 de aves —3 endémicas—, 2 de reptiles —la lagartija *Norops townsendi* y la salamandra *Sphaerodactylus pacificus*, ambas endémicas—, 3 de arañas, 57 de crustáceos, más de 200 de peces, 118 de moluscos marinos y 362 de insectos —64 endémicos—. Los arrecifes de coral que rodean a la isla incluyen 18 especies de corales —el más abundante es el *Porites lobata*, que presenta forma de hongo.

Las especies de plantas más numerosas son el copey *(Clusia major)*, la palma endémica *Rooseveltia frankliniana*, el palo de hierro *(Sacoglottis holdridgei)* —árbol endémico, grande y de copa extendida—, la *Ocotea insularis* —endémica—, la *Ardisia compressa* y la *Cecropia pittieri* —árbol endémico de mediano tamaño— y los helechos, las bromeliáceas y las selaginelas son también muy abundantes. Las tres especies endémicas de aves son el cuclillo de Isla del Coco *(Coccyzus ferrugineus)*, el mosquerito de Isla del Coco *(Nesotriccus ridgwayi)* y el pinzón de Isla del Coco *(Pinaroloxias inornata)*. Las aves marinas son particularmente abundantes, sobre todo en los islotes cercanos.

La isla es extremadamente lluviosa —unos 7.000 mm. por año—, y está toda cubierta de un bosque siempreverde de afinidad suramericana, el cual presenta condición nubosa en el cerro más alto, el Iglesias, de 634 m. La topografía es muy quebrada, lo que da lugar a la formación de muchas cascadas, algunas de las cuales caen espectacularmente al mar desde gran altura.

La costa es muy sinuosa, tiene acantilados de hasta 183 m. de altura e infinidad de cuevas submarinas. El mar, de color azul turquesa y de extraordinaria transparencia, contiene una fauna marina excepcionalmente rica; los tiburones, particularmente los gigantescos martillo *(Sphyrna mokarran)*, de hasta 4 m. de largo, y los de aleta blanca *(Triaenodon obesus)*, se encuentran en número asombroso por todas partes, siendo posible verlos en cardúmenes de 40 a 50 ejemplares. Son también abundantes los peces loro *(Scarus ghobban* y *S. rubroviolaceus)*, los atunes *(Thunnus* spp.), los jureles *(Caranx hippos)* y las mantas *(Manta birostris)*.

La isla del Coco representa el único afloramiento de la dorsal de Cocos, que alcanza una elevación de unos 3.000 m. desde el fondo oceánico, y que fue originada por un punto caliente ubicado sobre la Placa de Cocos. La dorsal constituye una hilera de volcanes que se localizan en dirección SO.-NE. y que se extiende desde Costa Rica hasta casi las Islas Galápagos. La isla está constituida por rocas de origen volcánico, principalmente lavas y tobas, de unos 2 millones de años de antigüedad.

2,400 Ha. (land sector); 18,575 Ha. (sea sector)

IT appears that Cocos Island, «a bouquet of greenery in the middle of the sea» as it has been called, was discovered by the Spanish pilot Joan Cabezas in the year 1526. Because of its wealth of coconut trees and plentiful drinking water, the island became very well known and served as a good hide-away for the pirates and privateers who flourished along the Pacific coasts of Spanish America in the 17th and 18th centuries.

The island is famous for three buried treasures which were hidden here by William Davies, Benito «Bloody Sword» Bonito and William Thompson between 1684 and 1821. The Lima Booty, hidden here by Thompson, is without a doubt the most valuable of all three. It consisted of tons of gold and silver bars, sheets of gold that covered the domes of churches and church adornments, sacred articles and statues, in particular a life-size statue of the Virgin and Child in pure gold. Treasure hunters have conducted over 500 expeditions to date but according to the information available, they have only produced a few doubloons. Some writers believe that the famous novelist Robert L. Stevenson drew his inspiration for the well-known novel *Treasure Island* from tales of the treasures of Cocos Island. In September of 1869, the Government of Costa Rica organized an official expedition to search for the treasures and on September 15th, the Costa Rican flag flew on a mast of balsa wood and the expedition claimed the island for Costa Rica.

Besides its fabled riches, the unique flora and fauna have attracted many international scientists and naturalists. Due to the great distance that separates the island from the mainland, it is considered to be a natural laboratory for the study of plant and animal evolution. So far, scientists have identified 235 species of plants (70 endemic), 85 birds (3 endemic), 2 endemic reptiles (the *Norops townsendi* lizard and the *Sphaerodactylus pacificus* salamander), 3 spiders, 57 crustaceans, over 200 fish, 118 sea mollusks, and 362 insects (64 endemic). The coral reefs that surround the island include 18 species, the most abundant being *Porites lobata*, which looks like a mushroom.

The predominant plant species are the cupey *(Clusia major)*, the *Rooseveltia frankliniana*, which is an endemic palm, huriki *(Sacoglottis holdridgei)*, which is a very large endemic tree that spreads out a great distance at the top, the endemic *Ocotea insularis*, the *Ardisia compressa*, and the *Cecropia pittieri*, which is a medium-size, endemic tree. Ferns, bromeliads and selaginella are also very abundant. The three endemic bird species are the Cocos Island cuckoo *(Coccyzus ferrugineus)*, Cocos Island flycatcher *(Nesotriccus ridgwayi)*, and Cocos Island finch *(Pinaroloxias inornata)*. Sea birds are very numerous, especially on the near-by islets.

The island receives an enormous amount of rainfall, some 7,000 mm. per year, and it is completely covered with a South American type evergreen forest which becomes cloud forest on the highest point of the island, Iglesias Peak, at 634 meters. The terrain is very rugged, which has led to the formation of several waterfalls, some of which plunge into the sea from spectacular heights.

The twisted coastline is a series of soaring cliffs, up to 183 meters high, and of innumerable underwater caves. The unusually transparent, turquoise-blue waters are filled with a wealth of marine life. There is an amazing number of sharks, especially the gigantic hammerheads *(Sphyrna mokarran)*, which reach up to 4 meters in length, and white-tipped sharks *(Triaenodon obesus)*. Schools of up to 40 or 50 sharks can easily be seen. Parrot fish *(Scarus ghobban* and *S. rubroviolaceus)*, tuna *(Thunnus* spp.), crevalle jack *(Caranx hippos)* and manta *(Manta birostris)* are also very abundant.

Cocos Island is the only outcrop of the Cocos ridge, that reaches a height of 3,000 meters from the ocean floor. Cocos Island is the result of a hot spot on the Cocos Plate. The ridge is made up of a chain of volcanos which stretch from Costa Rica almost to the Galapagos Islands in a southwesterly to northeasterly direction. The island is made up of volcanic rocks, mainly lava and tufa, that are 2 million years old.

Los bosques de la Isla del Coco son ricos en especies endémicas —unas 100 en total—. Los árboles en el farallón, arriba, son Cecropia pittieri, una especie endémica. A la derecha, árboles de Clusia major, *bromeliáceas* (Guzmania sanguinea) *y helechos arborescentes* (Cyathea *sp.).*

The forests on Cocos Island are rich in endemic species, approximately 100 in all. The trees on the headland, above, are the native Cecropia pittieri. *Right, cupey* (Clusia major), *bromeliads* (Guzmania sanguinea) *and tree ferns* (Cyathea *sp.).*

Parque Nacional
Rincón de la Vieja
National Park

El macizo del Rincón de la Vieja está formado geográficamente por dos volcanes, el Rincón de la Vieja y el Santa María, y por varios otros cráteres en proceso de degradación a causa de la erosión natural. El Rincón de la Vieja presenta a su vez dos cráteres, uno activo y con una laguna caliente en su fondo y otro inactivo, con una laguna fría y cubierto de vegetación. En la fotografía se muestra el cráter activo.

In geographical terms, the massif of Rincón de la Vieja is made up of two volcanos, Rincón de la Vieja and Santa María, together with several other craters which are being worn down as a result of natural erosion. Rincón de la Vieja has two craters, an active crater with a hot-water lake at the bottom, and another dormant crater with a cold-water lake covered with vegetation. In the photograph, a view of the active crater.

14.083 Ha.

EL macizo del Rincón de la Vieja, de 1.916 m. de altitud, es una estructura compuesta, formada por vulcanismo simultáneo de cierto número de focos eruptivos que crecieron convirtiéndose en una sola montaña. En la cima se han identificado nueve puntos eruptivos, uno de ellos activo y los restantes inactivos o en proceso de degradación. Hacia el S. del cráter del Rincón de la Vieja se encuentra una laguna de agua pura de buen sabor, y de unos 400 m. de largo por 16 de ancho; esta laguna, que es de gran belleza escénica, resulta ser un sitio preferido por las dantas *(Tapirus bairdii)* para tomar agua. El último período eruptivo fuerte, con lanzamiento de grandes nubes de ceniza y producción de sismos y ruidos subterráneos, ocurrió entre 1966 y 1970. Las erupciones más recientes ocurrieron en 1983-84. En la actualidad, el Rincón de la Vieja presenta actividad fumarólica.

Al pie del volcán, del lado S., se encuentran las áreas llamadas Las Pailas y Las Hornillas, que cubren una superficie de unas 50 Ha. Existen aquí fuentes termales, que dan lugar a quebradas de aguas muy calientes; lagunas solfatáricas, que ocupan pequeñas depresiones en las que un agua lodosa burbujea continuamente; soffioni u orificios por donde se elevan chorros de vapor, particularmente durante la estación lluviosa; y volcancitos de lodo de formas y dimensiones muy variadas, en los que el barro burbujea permanentemente debido a la salida de vapores y gases sulfurosos, aunque en ausencia de lluvias pueden llegar a secarse.

El Rincón de la Vieja presenta diversos hábitats debido a las diferencias en altitud y en precipitación, al efecto de las erupciones volcánicas y al tipo de vertiente de que se trate. En las partes más bajas, algunos de los árboles más comunes son el laurel *(Cordia alliodora)*, el guanacaste *(Enterolobium cyclocarpum)*, el aceituno *(Simarouba glauca)*, el ardillo *(Pithecellobium arboreum)*, el indio desnudo *(Bursera simaruba)*, el cedro amargo *(Cedrela odorata)* y el capulín blanco *(Trema micrantha)*. En las partes intermedias del macizo, entre 1.200 y 1.400 m., los árboles más abundantes son el copey *(Clusia major)*, el cuajada *(Vitex cooperi)*, el jícaro danto *(Parmentiera valerii)*, el papayillo *(Didymopanax pittieri)*, el burío ratón *(Hampea appendiculata)*, el yos *(Sapium sp.)*, el iguano *(Dipterodendron costaricense)*, el roble *(Quercus spp.)*, el mata-gente *(Oreopanax xalapensis)* y el ciprés blanco *(Podocarpus oleifolius)*.

De los 1.400 m. hasta cerca de la cima, los bosques son de baja altura y los árboles se muestran muy ramificados y cubiertos de musgos y otras epífitas. Las especies más comunes aquí son el copey, el papayillo, el crespón *(Urera caracasana)*, la *Pernettia coriacea*, la *Conostegia pittieri* y el *Dendropanax vulcanicum*. La cima del volcán está cubierta por ceniza y presenta poca vegetación; algunas de las plantas presentes son el copey, la sombrilla de pobre *(Gunnera insignis)*, la *Cavendishia crassifolia*, el *Lycopodium cernuum*, el *Blechnum werckleana* y el *Carex donnell-smithii*. El copey se encuentra a veces formando bosques casi puros; allí los felinos, las dantas *(Tapirus bairdii)*, las gongolonas *(Nothocercus bonapartei)* y las pavas negras *(Chamaepetes unicolor)* son muy numerosos.

En el parque se han observado 257 especies de aves, incluyendo la calandria *(Procnias tricarunculata)*, a la que se conoce también por el nombre de pájaro campana por su fuerte y raro canto metálico. Otras especies de aves presentes son el pavón grande *(Crax rubra)* —abundante en las partes bajas—, el jilguero *(Myadestes melanops)*, la oropéndola de Montezuma *(Psarocolius montezuma)*, la golondrina ribereña *(Riparia riparia)*, el tucancillo o curré verde *(Aulacorhynchus prasinus)*, la viuda roja *(Trogon elegans)*, el colibrí colidorado *(Hylocharis eliciae)*, el oropopo o búho de anteojos *(Pulsatrix perspicillata)*, la lora frentiblanca *(Amazona albifrons)* y el guaco *(Herpetotheres cachinnans)*.

Algunos de los mamíferos presentes son el cabro de monte *(Mazama americana)*, el saíno *(Tayassu tajacu)*, la guatuza *(Dasyprocta punctata)*, el tolomuco *(Eira barbara)*, el oso colmenero *(Tamandua mexicana)*, el perezoso de dos dedos *(Choloepus hoffmanni)* y los monos congo *(Alouatta palliata)*, carablanca *(Cebus capucinus)* y colorado *(Ateles geoffroyi)*.

Los insectos son muy abundantes; sobresalen entre todos las bellas mariposas morfo de las que se hallan 4 especies, a saber, *Morpho peleides*, *M. amathonte*, *M. theseus* y *M. polyphemus*.

En este parque existe probablemente la mayor población en estado silvestre de la guaria morada *(Cattleya skinneri)*, la flor nacional.

Uno de los grandes beneficios de esta área silvestre es la protección del gran sistema de cuencas hidrográficas que posee el volcán.

14,083 Ha.

RINCÓN de la Vieja, which soars 1,916 meters high, is a composite mountain mass formed by the simultaneous eruption of several different volcanic cones which over a period of time merged into a single mountain. On the summit nine sites of volcanic activity have been identified, one of which is active and the rest inactive or in the process of degradation. South of the Rincón de la Vieja crater there is a lake of clear, pleasant-tasting water that measures 400 meters long by 600 meters wide. This lake which is of great scenic beauty is the favorite watering site of the tapirs *(Tapirus bairdii)* that live in the park. The last period of violent volcanic activity took place between 1966 and 1970, with huge clouds of ash, seismic tremors and underground rumblings. The most recent eruptions took place in 1983-84. Today Rincón de la Vieja has a large number of active fumaroles.

At the foot of the volcano is an area known as Las Hornillas («Kitchen Stoves») which extends over 50 Ha. It is also the site of hot springs which form small streams with very hot water; solfatara lagoons which fill small hollows in the ground and consist of constantly bubbling muddy water; *soffioni* or vapor holes which are especially active during the rainy season; and mud cones of all different sizes and shapes which never stop bubbling away due to the release of steam and sulfurous gases, although without rain they can dry up.

Rincón de la Vieja offers a variety of habitats due to the differences that exist in altitude, rainfall, effects of the volcanic eruptions, and the volcano slopes themselves. Some of the most common trees at the foot of the volcano are freijo *(Cordia alliodora)*, ear tree *(Enterolobium cyclocarpum)*, paradise tree *(Simarouba glauca)*, ardillo *(Pithecellobium arboreum)*, gumbo-limbo *(Bursera simaruba)*, Spanish cedar *(Cedrela odorata)*, and capulin *(Trema micrantha)*. In the middle range, between 1,200-1,400 meters, the most abundant tree species are the cupey *(Clusia major)*, yellow manwood *(Vitex cooperi)*, jicaro danto *(Parmentiera valerii)*, didymopanax *(Didymopanax pittieri)*, buriogre *(Hampea appendiculata)*, yos *(Sapium* sp.), iguano *(Dipterodendron costaricense)*, oak *(Quercus* spp.), growing stick *(Oreopanax xalapensis)*, and white cypress *(Podocarpus oleifolius)*.

From 1,400 meters to the summit there are low-growing forests where the trees have an unusually large number of branches that, together with the tree trunks, are covered with moss and other epiphytic plants. The most common species are the cupey, didymopanax, crespon *(Urera caracasana)*, *Pernettia coriacea*, *Conostegia pittieri*, and *Dendropanax vulcanicum*. The summit of the volcano is covered with ash and there is scanty vegetation. Some of the plants that grow here are the cupey, poor man's umbrella *(Gunnera insignis)*, *Cavendishia crassifolia*, *Lycopodium cernuum*, *Blechnum werckleana*, and *Carex donnell-smithii*. Cupey trees are sometimes found here growing in almost completely unmixed groves. These groves are home to numerous felines, tapirs *(Tapirus bairdii)*, Bonaparte tinamous *(Nothocercus bonapartei)*, and black guans *(Chamaepetes unicolor)*.

257 species of bird have been observed in the park, including the three-wattled bellbird *(Procnias tricarunculata)*, which gets its name from its strange, loud metallic song. Other species of bird that live in the park are the Central great curassow *(Crax rubra)*, which is very populous in the region at the foot of the volcano, black-faced solitaire *(Myadestes melanops)*, Montezuma oropendola *(Psarocolius montezuma)*, bank swallow *(Riparia riparia)*, emerald toucanet *(Aulacorhynchus prasinus)*, elegant trogon *(Trogon elegans)*, blue-throated goldentail *(Hylocharis eliciae)*, spectacled owl *(Pulsatrix perspicillata)*, white-fronted amazon *(Amazona albifrons)*, and guaco *(Herpetotheres cachinnans)*.

Some of the mammals that live in the park are the red brocket *(Mazama americana)*, collared peccary *(Tayassu tajacu)*, agouti *(Dasyprocta punctata)*, tayra *(Eira barbara)*, northern tamandua *(Tamandua mexicana)*, two-toed sloth *(Choloepus hoffmanni)*, howler monkey *(Alouata palliata)*, white-faced capuchin monkey *(Cebus capucinus)*, and spider monkey *(Ateles geoffroyi)*.

The insect population in the park is very numerous. Four species of the beautiful morpho butterflies thrive here: *Morpho peleides, M. amathonte, M. theseus,* and *M. polyphemus.*

The park also contains the largest number of the country's national flower, the guaria morada orchid *(Cattleya skinneri)*.

One of the major values of this wildland is the protection of the volcano's vast network of watersheds.

El mono carablanca (Cebus capucinus) es muy abundante en toda el área del parque hasta los 1.800 m. En la fotografía aparece sobre las ramas de un chile (Sciadodendrom excelsum), el único árbol de hojas tripinnadas nativo del país.

The white-faced capuchin monkey (Cebus capucinus) abounds throughout the parkland as high as 1,800 meters. In the photograph, it can be seen in the branches of a chili tree (Sciadodendrom excelsum), the only tree with tripinnate leaves that is native to Costa Rica.

Cráter del volcán Santa María, de 1.916 m.s.n.m., uno de los dos volcanes que constituyen el macizo del Rincón de la Vieja. Este cráter mide unos 500 m. de diámetro y la laguna que contiene es de agua fría.

The crater of Santa María Volcano, that towers 1,916 meters above sea level, is one of the two volcanos that form the mountain massif of Rincón de la Vieja. This crater measures about 500 meters in diameter and is filled with a cold-water lake.

El Rincón de la Vieja tiene una gran importancia hidrológica por la gran cantidad de ríos y quebradas que allí nacen (arriba). La laguna de la derecha se formó posiblemente por embalsamiento de las aguas de lluvia, al formarse los edificios volcánicos.

Rincón de la Vieja is of vital hydrological importance because of the large number of rivers and streams that originate here. It is possible that the lake seen to the right was formed by rainwater trapped during volcanic upheavals.

El tucancillo verde
(Aulacorhynchus
prasinus) *es una de
las 257 especies de
aves que se conocen
en el parque.*

*The emerald
toucanet
(Aulacorhynchus
prasinus)* is one of
the 257 species of
birds that are known
to live in the park.

153

El área de Las Pailas y Las Hornillas, localizada al pie del macizo, contiene fuentes termales, lagunas solfatáricas, volcancitos de lodo y otras interesantes formaciones. En la fotografía, dos lagunetas de agua caliente.

The area known as Las Pailas and Las Hornillas, located at the foot of the mountain, features hot springs, sulfur lakes, mud-pots and other interesting formations. In the photograph, two little hot-water pools.

El cráter activo del Rincón de la Vieja tuvo su último período de erupciones en 1983-84. Actualmente presenta actividad fumarólica. En la fotografía se observa al fondo, a la derecha, la laguna fría de embalsamiento.

The most recent eruptions of the active crater on Rincón de la Vieja took place between 1983-1984. Today, its activity is limited to the fumaroles. In the background of the photograph to the right, the cold-water run-off lake.

Parque Nacional
Volcán Poás
National Park

El Poás es un volcán basáltico compuesto, que presenta un cráter activo y uno inactivo, en cuyo fondo existe una laguna de agua fría de unos 400 m. de diámetro. Este último cráter tuvo actividad hace unos 7.500 años. Se estima que a partir de los próximos 50.000 años, ambos edificios volcánicos podrían desaparecer para dar lugar a la formación de una gran caldera.

Poás is a compound basaltic volcano with an active and a dormant crater. The latter has a cold-water lake that measures about 400 meters in diameter and was active about 7,500 years ago. It is believed that in the next 50,000 years both cones will disappear and give way to a huge caldera.

5.599 Ha.

EL Poás, un volcán basáltico compuesto de 2.708 m. de elevación, es uno de los más espectaculares del país. El cráter es una enorme hoya de 1,5 km. de diámetro y 300 m. de profundidad, formada posiblemente debido al colapso sufrido no hace mucho tiempo por una cára magmática vacía de poca profundidad. En el fondo del cráter se encuentra una laguna circular caliente —la temperatura del agua oscila entre 40-70 °C—, de unos 350 m. de diámetro, y un cono de escorias o estructura dómica que se levanta a unos 40 m. sobre la laguna y que presenta fumarolas muy activas.

Al N. del cráter activo se encuentra el cono compuesto von Frantzius, que se extinguió hace mucho tiempo y que constituye el más viejo centro eruptivo de la cima del macizo, y al SE. se encuentra otro cono, denominado Botos, que fue el centro de actividad hasta hace unos 7.500 años, y que contiene en la actualidad una laguna fría de unos 400 m. de diámetro, de extraordinaria belleza escénica.

El Poás tiene un largo historial de grandes erupciones; la del 25 de enero de 1910, probablemente la mayor que haya ocurrido, consistió en una inmensa nube de ceniza que se elevó hasta unos 8.000 m. El último período eruptivo, con emisión de grandes nubes de ceniza y piedras incandescentes, acompañadas de ruidos subterráneos, ocurrió entre 1952-54.

El Poás ha mostrado cuatro distintos tipos de actividad a través de los 150 años en que ha sido observado. Estos son: 1) erupciones tipo geiser o plumiformes con columnas de aguas lodosas acompañadas de vapor que se pueden elevar unos metros o varios kilómetros, y que se han presentado con intervalos que oscilan de minutos a años; 2) violentas erupciones freáticas, como las ocurridas en 1834 y 1910, que causaron caída de ceniza en el Valle Central; 3) actividad estromboliana y efusiva ejemplarizada por las erupciones de 1953-55; y 4) desgasificación quieta que comenzó en enero de 1981. Las erupciones plumiformes le han valido al Poás la fama de ser el geiser más grande del mundo. Un descubrimiento interesante efectuado recientemente es el de que debajo de las aguas de la laguna cratérica existe un nivel o lago de azufre fundido. En la actualidad el volcán emite gases y vapor de agua de las fumarolas localizadas en el cono interior del cráter, los cuales pueden alcanzar temperaturas de hasta 1.050 °C, y ocasionalmente emite erupciones plumiformes.

El parque presenta cuatro hábitats principales: las áreas sin vegetación o de vegetación muy escasa, el área de arrayanes, el bosque achaparrado y el bosque nuboso. El primero de estos hábitats corresponde al cráter y sus alrededores. Dentro de éste las plantas no crecen debido al efecto de los gases, a la erosión natural y a la falta de suelo. En los bordes y en algunas otras partes, sin embargo, viven sólidamente pegadas a las cenizas endurecidas o a la lava especies adaptadas a esas condiciones, como el helecho lengua (Elaphoglossum lingua) y pequeñas plantas de Pernettia coriacea. Conforme aumenta la distancia al borde del cráter aumenta también el número de especies y su altura.

En el área de los arrayanes se encuentra una vegetación enana, con algo de plantas muertas o brotando, que se puede observar cerca del mirador del cráter y en la primera parte del sendero entre el cráter y la laguna. Las plantas aquí miden de 2 a 3 m. de altura y las especies más comunes son el arrayán y el Vaccinium poasanum. También se encuentran árboles pequeños de azahar de monte (Clusia odorata), de papayillo (Didymopanax pittieri) y de cipresillo (Escallonia poasana) —árbol conspicuo por su forma de pagoda china.

El hábitat de bosque achaparrado o enano se observa a lo largo del sendero entre el cráter y la laguna. Aquí el bosque es casi impenetrable, es de crecimiento lento y los árboles presentan sus ramas muy retorcidas. Las especies predominantes son el azahar de monte, el arrayán, el tucuico (Ardisia sp.), el Hesperomeles obovata, el H. heterophylla y el Sphyrospermum cordifolium. El bosque nuboso se encuentra rodeando la laguna y detrás del Potrero Grande. En este bosque, que es muy húmedo y umbroso, la mayoría de los árboles alcanzan una altura de unos 20 m. y están totalmente cubiertos de musgos, hepáticas y otras plantas. Las especies dominantes son el papayillo, el azahar de monte, el roble (Quercus spp.), el cedrillo (Brunellia costaricensis), el ciprés blanco (Podocarpus oleifolius).

La fauna es escasa, aunque las aves sí son comunes. Algunas de las 79 especies observadas son el escarchero (Turdus nigrescens), la pava negra (Chamaepetes unicolor), el colibrí garganta de fuego (Panterpe insignis), el quetzal (Pharomachrus mocinno) —sin duda el ave más bella del continente—, el tucancillo o curré verde (Aulacorhynchus prasinus) y la reinita garganta de fuego (Vermivora gutturalis).

El Poás es uno de los tres volcanes del continente accesibles por carretera y es el parque nacional más desarrollado.

5,599 Ha.

POÁS is a composite basaltic volcano that soars 2,708 meters high and that is one of the most spectacular volcanos in the country. The crater is a huge depression that measures 1.5 kilometers in diameter and 300 meters deep. It is possible that it was formed not too long ago by the collapse of an empty magmatic chamber a short distance from the earth's crust. At the bottom of the crater there is a circular, hot-water lake with temperatures that vary between 40-70° C, and that is 350 meters in diameter. There is also a cinder cone, a dome-shaped structure that rises about 40 meters above the lake and has very active fumaroles. The level of the water in the lake varies and its color changes from turquoise green to gray.

To the north of the active crater is the von Frantzius composite cone which became dormant a long time ago and which is the oldest center of volcanic activity on the summit. To the southeast, there is another cone known as Botos which was the center of activity up to some 7,500 years ago. It has a cold-water lake today which measures about 400 meters in diameter.

Poás has a long history of violent eruptions. Probably the largest eruption ever to take place was that of January 25th, 1910, when an immense cloud of ash rose 8,000 meters in the air. The most recent active period lasted from 1952-54, and shook the area with underground rumblings while the volcano itself spewed out huge clouds of ash and burning rocks.

In the 150 years that Poás has been observed, it has displayed four different kinds of volcanic activity. These are: 1) geyser-like eruptions with columns of muddy water and steam that can rise several meters or kilometers into the air and which have occurred with intervals that go from minutes to years; 2) violent phreatic eruptions, such as those that took place in 1834 and 1910, which spread a fall-out of ash over the Central Valley; 3) Strombolian and effusive activity, such as in the eruptions of 1953-55; and 4) a quiet degassing which began in 1981. The geyser-like eruptions have won Poás the fame of being the largest geyser in the world. An interesting discovery made recently is that beneath the waters of the crater lake, there is a reservoir of melted sulfur. As of today, the volcano releases gases and steam; occasionally, it produces geyser-like eruptions.

There are four main habitats in the park: areas with little or no vegetation, an area of arrayans, stunted forest, and cloud forest. The first habitat corresponds to the crater and near-by areas. No plants grow inside the crater due to the effect of the gasses, natural erosion and lack of soil. However, on the edge of the crater and in neighboring areas grow some species that are especially adapted to the terrain of hardened ash or lava where they cling tenaciously. These species include the paddle fern *(Elaphoglossum lingua)*, and small *Pernettia coriacea* plants. The farther away from the edge of the crater, the greater the number of species and their height. Several species of moss and lichens grow here, together with arrayan *(Vaccinium consanguineum)* and *Myrica phanerodonta.*

The arrayan zone is made up of dwarf plants, some of which are dead or budding. This habitat is located near the look-out point over the crater and along the first part of the trail between the crater and the lake. The plants here grow from 2-3 meters high and some of the most common species are arrayan and *Vacinnium poasanum.* There are also small specimens of mountain mangrove *(Clusia odorata)*, didymopanax *(Didymopanax pittieri)*, and small cypress *(Escallonia poasana).*

The habitat of stunted or dwarf forest can be seen along the trail between the crater and the lake. This slow-growing forest is almost impenetrable and the branches of the trees are completely twisted out of shape. The predominant species are mountain mangrove, arrayan, tucuico *(Ardisia sp.)*, *Hesperomeles obovata, H. heterophylla*, and *Sphyrospermum cordifolium.* The cloud forest grows behind Potrero Grande and surrounds the lake. In this very damp and shady forest, most of the trees grow to about 20 meters high and are completely cloaked with moss, liverworts and other epiphytic plants. The predominant species are didymopanax, mountain mangrove, oak *(Quercus spp.)*, small cedar *(Brunellia costaricensis) and* white cypress *(Podocarpus oleifolius).*

There is hardly any wildlife, although birds are common. Some of the 79 species observed are the sooty robin *(Turdus nigrescens)*, black guan *(Chamaepetes unicolor)*, fiery-throated hummingbird *(Panterpe insignis)*, resplendent quetzal *(Pharomachrus mocinno)*, without a doubt, the most beautiful bird on the continent and emerald tucanet *(Aulacorhynchus prasinus).*

Poás is one of the three volcanos on the continent that are accessible by road and it is also the best developed national park.

Algunas de las aves que más frecuentemente se observan en el parque son los colibríes, revoloteando incansablemente ante las flores para succionar néctar. En la fotografía un colibrí orejivioláceo verde (Colibri thalassinus).

One of the most frequently seen birds in the park is the hummingbird, flitting tirelessly from flower to flower as it drinks their nectar. In the photograph, a green violetear hummingbird (Colibri thalassinus).

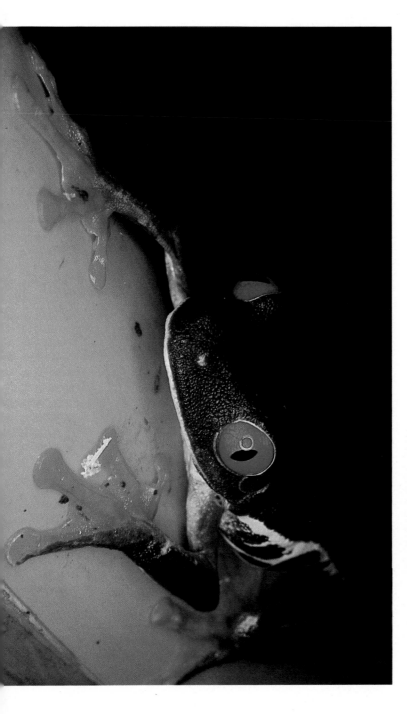

Algunos de los anfibios del parque muestran una bellísima combinación de colores. En la fotografía de la izquierda, la rana arborícola Agalychnis callidryas. Abajo, el escarchero (Turdus nigrescens), una de las 79 especies de aves presentes en el parque.

Some of the amphibians in the park display beautiful color combinations. In the photograph to the left, the Agalychnis callidryas tree frog. Below, the sooty robin (Turdus nigrescens), one of the 79 species of birds that live in the park.

Estas fotografías muestran aspectos relacionados con la actividad del Poás. A la izquierda, interior del cráter activo, con la laguna caliente y el cono de escorias con fumarolas. En esta página, el cono de escorias, y en las fotografías de la derecha, ceniza y bombas de reciente deposición (arriba), y una erupción tipo géiser (abajo).

These photographs show different aspects of the volcanic activity that takes place on Poás. To the left, the inside of the active crater with its hot-water lake and the cinder cone with fumaroles. On this page, the cinder cone, and in the photographs to the right, recently deposited ash and fire bombs (above), and a geyser-like eruption (below).

163

El cráter activo del Poás es una impresionante hoya de 1,5 km. de diámetro y 300 m. de profundidad. La laguna tiene un nivel variable, y la temperatura del agua oscila entre 40 y 70 °C. A la derecha, una característica muy notable de los bosques del Poás, la abundancia de plantas epífitas que crecen sobre los troncos de los árboles.

The active crater on Poás is a huge depression that measures 1.5 kilometers in diameter and 300 meters deep. The level of the crater lake varies and the temperature ranges from 40°-70° C. To the right, a typical feature of the forests that grow in the park: an abundance of epiphytic plants that drape the tree trunks.

Las bromeliáceas son muy abundantes en los bosques de Poás. Arriba, un ejemplar de Vriesea williamsii, *y a la derecha, la inflorescencia de una bromeliácea muy común* (Guzmania *sp.*).

Bromeliads are very abundant in the park forests. Above, a specimen of Vriesea williamsii, *and to the right, the inflorescence of one of the very common bromeliads* (Guzmania sp.).

En el Poás se presentan varios tipos de bosques. A la izquierda, el bosque nuboso, que permanece envuelto en nubes la mayor parte del tiempo. Arriba, sombrillas de pobre (Gunnera insignis), *que crecen en sitios abiertos y tienen hojas de hasta 2 m. de diámetro.*

There are several different kinds of forest in Poás National Park. Left, the cloud forest which is almost constantly shrouded in mist. Above, the poor man's umbrella (Gunnera insignis) *which grows in clearings in the forest and has leaves that spread out as far as 2 meters in diameter.*

Parque Nacional
Braulio Carrillo
National Park

El Parque Nacional Braulio Carrillo se asienta sobre una de las zonas más abruptas del país. El paisaje del área se caracteriza por la presencia de altas montañas con fuertes pendientes tapizadas por densas masas forestales, y numerosos ríos que forman profundos cañones. Infinidad de cascadas se observan por todas partes.

Braulio Carrillo National Park lies in one of the most rugged zones in the country. Typical of the park's landscape are tall mountains with steep slopes covered by dense forests, and numerous rivers that carve deep canyons. A multitude of waterfalls can be seen everywhere.

44.099 Ha.

ESTE parque está dedicado al Benemérito de la Patria Lic. Braulio Carrillo —tercer Jefe de Estado de Costa Rica (1835-37 y 1838-42)— por sus esfuerzos, aunque infructuosos, por abrir un camino que comunicara el Valle Central con Matina, en la costa atlántica.

El parque constituye una de las zonas de topografía más abrupta del país. Casi todo el paisaje está constituido por altas montañas densamente cubiertas de bosques y por innumerables ríos caudalosos que forman cañones profundos, a veces de paredes casi verticales. La topografía y la alta precipitación —unos 4.500 mm. en promedio por año— dan lugar a la formación de infinidad de cascadas que se observan por todas partes. El parque contiene dos volcanes apagados, el Cacho Negro —muy visible por su forma bastante cónica— y el Barba. Este último incluye varios cráteres; dos de ellos son la laguna del Barba, de forma circular, de unos 70 m. de diámetro y de aguas claras, y la laguna Danta, de unos 500 m. de diámetro. Los cerros Las Marías, que se observan claramente desde San José, son los restos de una estructura caldérica que allí existió.

La vegetación del Braulio está constituida por un bosque siempreverde de gran densidad y complejidad florística. El tipo de bosque presenta variaciones conforme cambian las condiciones ambientales tales como topografía, drenaje, temperatura, nubosidad y precipitación. Los bosques más altos y de mayor riqueza en especies se encuentran en las partes más bajas; en las partes más altas y quebradas los árboles son más bajos y deformes y el número total de especies es menor. La mayor parte del parque está cubierta por un bosque primario, en el que existen unas 6.000 especies de plantas.

En las partes más altas del parque, algunos de los árboles presentes son el ciprés lorito *(Podocarpus montanus)*, el chile muelo *(Drimys granadensis)*, el candelillo *(Magnolia poasana)*, el roble *(Quercus* spp.*)* y el cipresillo *(Escallonia poasana)* —muy conspicuo por tener forma de pagoda china—. En las partes más bajas algunos de los árboles que existen son el higuerón *(Ficus* spp.*)*, el olivo *(Simarouba amara)*, el botarrama *(Vochysia ferruginea)*, el alcanfor *(Protium glabrum)*, el canfín *(Tetragastris panamensis)*, el cedro macho *(Carapa guianensis)*, el chancho blanco *(Vochysia hondurensis)*, el fruta dorada *(Virola* spp.*)* y el mangle de montaña *(Bravaisia integerrima)*. En general, son muy abundantes los helechos arborescentes, las heliconias o platanillos *(Heliconia* spp.*)*, las palmas, las bromeliáceas y las sombrillas de pobre *(Gunnera insignis)* —plantas muy comunes a lo largo de la carretera, de hasta 1,5 m. de altura, e inconfundibles por el inmenso tamaño de sus hojas.

La fauna es bastante abundante, particularmente la avifauna. Entre los mamíferos presentes se encuentran los monos congo *(Alouatta palliata)*, colorado *(Ateles geoffroyi)* y cara blanca *(Cebus capucinus)* —los cuales son comunes de los 1.000 m. de elevación hacia abajo—, la danta *(Tapirus bairdii)*, el jaguar *(Felis onca)*, el puma *(Felis concolor)*, el manigordo *(Felis pardalis)*, el tepezcuintle *(Agouti paca)* —muy común—, el oso colmenero *(Tamandua mexicana)* —muy común—, el venado *(Odocoileus virginianus)*, el cabro de monte *(Mazama americana)*, la martilla *(Potos flavus)*, la guatuza *(Dasyprocta punctata)*, el puerco espín *(Coendou mexicanus)* y los perezosos de dos dedos *(Choloepus hoffmanni)* y de tres dedos *(Bradypus variegatus)*.

Con respecto a aves, se han observado 347 especies, incluyendo el quetzal *(Pharomachrus mocinno)* —el ave más bella del continente—, el extraño pájaro sombrilla *(Cephalopterus glabricollis)* —que emigra altitudinalmente—el aguilucho *(Spizaetus ornatus)*, el águila solitaria *(Harpyhalietus solitarius)*, el yigüirro *(Turdus grayi)* —el ave nacional—, el zopilote rey *(Sarcoramphus papa)*, el gavilán blanco *(Leucopternis albicollis)*, el águila pescadora *(Pandion haliaetus)*, el pavón *(Crax rubra)*, la pava granadera *(Penelope purpurascens)*, el ave sol *(Eurypyga helias)*, el quetzal macho *(Trogon collaris)*, el jilguero *(Myadestes melanops)* y la calandria *(Procnias tricarunculata)*.

Las ranas y los sapos son muy abundantes en el parque, particularmente en el área del Bajo de la Hondura; una especie endémica es el sapo *Bufo holdridgei*, común en las zonas del volcán Barba y de Bajos del Tigre. Un reptil existente en el área es la matabuey *(Lachesis muta)*, la serpiente venenosa más grande del continente.

Una moderna carretera, a la que se le ha puesto el nombre de Braulio Carrillo, atraviesa el parque de NE. a SO. y posee excelentes miradores desde los cuales se puede disfrutar de los cañones de los ríos, de los conos volcánicos y de las cascadas.

44,099 Ha.

THIS park is dedicated to the memory of Lic. Braulio Carrillo, a national benefactor and Costa Rica's third Chief of State (1835-37 and 1838-42). The park takes his name in honor of his efforts which, although unsuccessful, were aimed at opening a road between the Central Valley and Matina on the Atlantic coast.

The park lies in one of the most rugged regions in the country. Almost the entire landscape is broken up by towering mountains heavily cloaked with thick forest and by innumerable swollen rivers that carve deep canyons often with sheer vertical walls. The terrain and the heavy rainfall (the park receives an average of about 4,500 mm. a year) conspire to create an infinite number of waterfalls that can be seen everywhere. The parkland includes two extinct volcanos, Cacho Negro with an easily seen conical shape, and Barba which is composed of several craters. Two of these are Barba Lake which is a round lake of crystal-clear water that measures 70 meters in diameter, and Danta Lake which measures 500 meters in diameter. The Las Marías Peaks, which are easily seen from the city of San José, are the remains of a caldera-like structure that existed there.

The plant life in the park is composed of very dense, complex evergreen forest. The kind of forest varies according to the variations that exist in the topography, watersheds, temperature, cloud cover and rainfall. The tallest forests and those with the largest number of species are located in the park lowlands. In the upper and more rugged reaches of the park, the trees are stunted and deformed and there are fewer species. Most of the park is covered with primary forest in which there are 6,000 plant species.

Some of the species that grow in the upper regions of the park are mountain cypress (Podocarpus montanus), winter's bark tree (Drimys granadensis), Poás magnolia (Magnolia poasana), oak (Quercus spp.), and small cypress (Escallonia poasana), which is a highly conspicuous tree shaped like a Chinese pagoda. In the lower region of the park some of the more prevalent species are the wild fig (Ficus spp.), olive (Simarouba amara), mayo (Vochysia ferruginea), alcanfor (Protium glabrum), copal (Tetragastris panamensis), crabwood (Carapa guianensis), quaruba (Vochysia hondurensis), banak (Virola spp.), and jiggerwood (Bravaisia integerrima). For the most part, there is an abundance of tree ferns, heliconias (Heliconia spp.), palm trees and bromeliads. Poor man's umbrella (Gunnera insignis) is a plant frequently seen growing alongside the road. It can grow as high as 1.5 meters and is unmistakable because of the enormous size of its leaves.

There is a fair amount of wildlife with birds being especially plentiful. Some of the mammals that live in the park are the howler monkey (Alouatta palliata), spider monkey (Ateles geoffroyi), white-faced capuchin monkey (Cebus capucinus), all of which are frequently seen from 1,000 meters down, tapir (Tapirus bairdii), jaguar (Felis onca), cougar (Felis concolor), ocelot (Felis pardalis), paca (Agouti paca), which is very prevalent, northern tamandua (Tamandua mexicana), red brocket (Mazama americana), kinkajou (Potos flavus), agouti (Dasyprocta punctata), Mexican tree porcupine (Coendou mexicanus), two-toed sloth (Choloepus hoffmanni), and three-toed sloth (Bradypus variegatus), both of which can be found at heights of 2,650 meters on the slopes of Barba Volcano.

347 species of bird have been identified, including the resplendent quetzal (Pharomachrus mocinno), the most exquiste bird on the continent, the strange bare-necked umbrella bird (Cephalopterus glabricollis) which migrates according to altitude, ornate hawk-eagle (Spizaetus ornatus), solitary eagle (Harpyhalietus solitarius), clay-colored robin (Turdus grayi) which is the national bird, king vulture (Sarcoramphus papa), white hawk (Leucopternis albicollis), osprey (Pandion haliaetus), Central American curassow (Crax rubra), crested guan (Penelope purpurascens), greater sunbittern (Eurypyga helias), collared trogon (Trogon collaris), black-faced solitaire (Myadestes melanops), and three-wattled bellbird (Procnias tricarunculata).

Frogs and toads abound in the park, especially in the area known as Bajo de la Hondura. An endemic species is the Bufo holdridgei toad which is frequently seen on Barba Volcano and in the Bajos del Tigre region. The most venomous snake in the country, the bushmaster (Lachesis muta) also lives in the park.

A modern highway, which has been named Braulio Carrillo, crosses the park from northeast to southwest. It has excellent look-out points from which views of the river canyons, volcano cones and waterfalls can be enjoyed.

Los bosques del Braulio Carrillo son siempreverdes y de gran complejidad florística. El tipo de bosque varía conforme cambian las condiciones ambientales, como precipitaciones, topografía, temperatura y nubosidad.

The forests in Braulio Carrillo are highly complex evergreens. The kind of forest varies depending on the environmental conditions, such as rainfall, land contour, temperature and cloud cover.

172

El quetzal (Pharomachrus mocinno), *izquierda, es el ave más bella del continente. Las largas plumas y los bellísimos colores del macho le han valido el calificativo de fénix de los bosques. El tigrillo* (Felis wiedii), *arriba, es uno de los gatos pequeños que habitan en el parque.*

The resplendent quetzal (Pharomachrus mocinno), *left, is the most beautiful bird on the continent. The long feathers and exquisite colors of the male have won it the name of «phoenix of the forest». The tiger cat* (Felis weidii), *above, is one of the small cats that live in the park.*

En estas impresionantes masas forestales que se encuentran en la parte de mediana altura, se presenta una gran diversidad de árboles, de plantas del sotobosque y de epífitas. Se estima que existen unas 6.000 especies de plantas en el parque.

A great variety of trees, understorey plants and epiphytic plants grow in these awesome forest masses which can be found over the middle heights of the park. It is estimated that about 6,000 species of different plants live in the park.

Raíces fúlcreas de la palma chonta negra (Iriartea gigantea), una especie muy común en los bosques bajos y de mediana altura del parque (izquierda). Uno de los principales beneficios de esta área silvestre, al mantener sus cuencas hidrográficas con cobertura forestal, es evitar que los caudalosos ríos, alimentados por una infinidad de quebradas, derecha, produzcan inundaciones en las llanuras del Atlántico.

Stilt roots of the stilt palm (Iriartea gigantea), a very prevalent species in the lowland and slope forests of the park (left). One of the most beneficial roles played by this wilderness area is that of providing its watersheds with forest cover so that the park's rushing rivers, fed by innumerable streams (right), do not flood the Atlantic lowlands.

Parque Nacional
Volcán Irazú
National Park

El volcán Irazú, o «santabárbara mortal de la naturaleza», como ha sido llamado, es un volcán activo, con una larga historia de violentas erupciones. El último período eruptivo ocurrió entre 1962-65 y consistió en la emisión de gigantescas nubes de ceniza, acompañadas de sismos, retumbos y lanzamiento de piedras, algunas de enorme tamaño.

Irazú Volcano, or the «powderkeg of nature» as it has come to be called, is an active volcano with a long history of violent eruptions. The last period of activity took place between 1962 and 1965, when the volcano spewed out huge clouds of ash and rocks, some as large as boulders, and shook the ground with tremors and underground rumblings.

2.309 Ha.

E L Irazú o «santabárbara mortal de la naturaleza», como ha sido llamado, es un estratovolcán activo de forma subcónica irregular, de 3.432 m. de altitud, accesible por carretera y con una larga historia de erupciones y ciclos eruptivos. La actividad se ha caracterizado por la emisión de grandes nubes de vapor, ceniza y escorias, que suben en forma violenta, a menudo acompañadas por sacudidas sísmicas locales o regionales; por ruidos subterráneos o retumbos, que a veces se escuchan en el Valle Central; y por el lanzamiento de piedras grandes y pequeñas, ocasionalmente encendidas, que normalmente caen cerca del cráter. El primer relato histórico de una erupción data de 1723; el último período eruptivo ocurrió entre 1962-65.

En la cima del Irazú existen cuatro cráteres, el principal, el Diego de la Haya y dos cráteres pequeños localizados uno al SE. y otro al NO. del principal. El cráter principal u occidental es de forma casi circular, tiene un diámetro de 1.050 m. y una profundidad de 250-300 m., y tiene paredes muy inclinadas. Presenta en su fondo una laguna permanente de aguas color verde-amarillento y no muestra actividad alguna. El cráter Diego de la Haya tuvo actividad en 1723, es de forma circular, mide 690 m. de diámetro y 100 de profundidad, está taponado y frecuentemente se forma en su fondo plano una pequeña laguna debido a las lluvias. Se observan también en la actualidad en la ladera exterior del cráter principal, sobre terrenos inestables, un área denominada Las Fumarolas, en la cual existen solfataras que emiten vapor de agua y gases como el dióxido de carbono y el hidrógeno, que salen con temperaturas inferiores a los 100 °C.

La flora ha sufrido fuertes alteraciones a causa de las erupciones; en la actualidad se observan áreas con vegetación rala localizada dentro o cerca de los cráteres, áreas de vegetación abierta y achaparrada, y áreas con bosques secundarios y restos de bosques primarios. Algunas de las especies presentes en los alrededores de los cráteres son el arrayán (Vaccinium consanguineum), el Agrostis tolucensis, el Trisetum viride, el Eupatorium semialatum, el Senecio oerstedii, la Castilleja irazuensis y la Smilacina paniculata. En las áreas de vegetación abierta se observan, entre otros, el arrayán, el arrecachillo (Myrrhidendron donnell-smithii, la Acaena elongata, la Pernettia coriacea, el Eupatorium subcordatum y la Coriaria thymifolia. En los bosques primarios y secundarios los árboles más abundantes son la lengua de vaca (Miconia sp.) y el roble negro (Quercus costaricensis). Otros árboles presentes son el jaúl (Alnus acuminata), la salvia (Buddleia nitida), el mata-gente (Oreopanax xalapensis), el lorito (Weinmannia pinnata), el cipresillo (Escallonia poasana), el azahar de monte (Clusia odorata) y el candelillo (Magnolia poasana).

La fauna del Irazú es en la actualidad muy pobre; algunos de los mamíferos que se han observado en la parte superior del macizo son el conejo de monte (Sylvilagus brasiliensis), el coyote (Canis latrans), el cusuco (Dasypus novemcinctus), el puerco espín (Coendou mexicanus), la comadreja (Mustela frenata) y el caucel (Felis tigrina). Algunas de las aves presentes son el junco volcanero (Junco vulcani), el carpintero careto (Melanerpes formicivorus), el jilguero (Myadestes melanops), el yigüirro de montaña (Turdus plebejus), la lechucita parda (Aegolius ridgwayi), el trepador rojizo (Dendrocincla homochroa), la zacatera (Sturnella magna) y el pitorreal (Ptylogonis caudatus). Los colibríes son en general bastante abundantes.

El clima del Irazú es típico de las cordilleras tropicales que se encuentran separando vertientes con climas diferentes. Presenta básicamente una estación seca de diciembre a abril y una lluviosa de mayo a noviembre. Es frecuente que durante las mañanas la zona esté despejada, y que la nubosidad aumente durante el resto del día. La precipitación media anual es de 2.158 mm., la temperatura media anual es de 7.3 °C, y la temperatura mínima registrada es de –3 °. Durante los meses de diciembre a febrero frecuentemente se forma escarcha en el suelo al presentarse las temperaturas más bajas.

El Irazú presenta la particularidad de que en días despejados es posible ver desde el cerro Alto Grande, ambos océanos y gran parte del territorio nacional.

2,309 Ha.

IRAZÚ, or «the powder keg of nature» as it has been called, is an active strato-volcano with an irregular subconical shape that stands 3,432 meters high and is accessible by road. It has a long history of eruptions and eruptive cycles. These typically consist of huge clouds of vapor, ash and scoria which the volcano violently spews out. Often the firey clouds are accompanied by regional or local seismic tremors, by underground rumblings that can be heard in the Central Valley, and by a shower of large and small rocks, which are sometimes incandescent and which usually fall near the crater. The first historical account of an eruption dates from 1723, while the last period of activity lasted from 1962-1965.

At the summit there are four craters: the main, Diego de la Haya, and two small craters located one to the southeast and the other to the northwest of the main one. The almost perfectly round main or western crater measures 1,050 meters in diameter and 250-300 meters deep with very steep sides. There is a permanent lake at the bottom with yellowish-green water. Today the crater is completely dormant. Diego de la Haya crater was active in 1723. It is round, measures 690 meters in diameter and is 100 meters deep. It is blocked up and often a small lake is formed on the flat bottom by the rains. Las Fumarolas is an area of shifting terrain on the outer side of the main crater where several solfataras emit steam and gases such as carbon dioxide and hydrogen at temperatures below 100° C.

The plant life has undergone considerable alteration due to the eruptions. A sparse vegetation grows inside and near the craters. Elsewhere it is possible to see areas of open and stunted vegetation, and areas with secondary forest and the remains of primary forest. Some of the species that grow near the craters are arrayan *(Vaccinium consanguineum)*, *Agrostis tolucensis*, *Trisetum viride*, *Eupatorium semialatum*, *Senecio oerstedii*, *Castilleja irazuensis*, and *Smilacina paniculata*. The open vegetation includes, among others, the arrayan, arrecachillo *(Myrrhidendron donnell-smithii)*, *Acaena elongata*, *Pernettia coriacea*, *Eupatorium subcordatum* and *Coriaria thymifolia*. The most abundant trees in the primary and secondary forests are the miconia *(Miconia sp.)* and black oak *(Quercus costaricensis)*. Other trees include the alder *(Alnus acuminata)*, salvia *(Buddleia nitida)*, growing stick *(Oreopanax xalapensis)*, loro *(Weinmannia pinnata)*, escalonia *(Escallonia poasana)*, mountain mangrove *(Clusia odorata)*, and magnolia *(Magnolia poasana)*.

Wildlife on Irazú is very scarce today. Some of the mammals that have been seen on the upper reaches of the volcano are the eastern cottontail *(Sylvilagus brasilensis)*, coyote *(Canis latrans)*, common long-nosed armadillo *(Dasypus novemcinctus)*, porcupine *(Coendou mexicanus)*, long-tailed weasel *(Mustela frenata)*, and tiger cat *(Felis tigrina)*. Some of the birds that live in the park are the volcano junco *(Junco vulcani)*, ant-eating woodpecker *(Melanerpes formicivorus)*, black-faced solitaire *(Myadestes melanops)*, mountain robin *(Turdus plebejus)*, unspotted saw-whet owl *(Aegolius ridgwayi)*, ruddy woodcreeper *(Dendrocincla homochroa)*, eastern meadowlark *(Sturnella magna)*, and long-tailed ptilogonys *(Ptylogonis caudatus)*. For the most part, there is a fairly large population of hummingbirds.

The climate on Irazú is typical of tropical mountain ranges that are found on the dividing line between different climates. Basically, there is a dry season from December to April, and a rainy season from May to November. It is often clear in the mornings with clouds building up during the rest of the day. The average annual rainfall is 2,158 mm., the average annual temperature is 7.3° C, and the lowest temperature registered was –3° C. From December to February, frost often forms on the ground as a result of the lower temperatures.

On clear days at the top of its Alto Grande Peak, Irazú has the unusual feature of affording a magnificent view of both the Atlantic and the Pacific oceans together with a large expanse of the mainland.

El Diego de la Haya, página de la izquierda, es el cráter que hizo erupción en 1723; un dique de poco grosor lo separa del cráter principal (izquierda). Muchas de las especies que crecen en el volcán (abajo), como Senecio firmipes, *tienen pelos que las protegen de las variaciones climáticas.*

Diego de la Haya (left page) is the crater that exploded in 1723. A thin dyke separates it from the main crater (left). Many of the species that grow on the volcano (below), such as the Senecio firmipes, *have hairs that protect them from the changes in climate.*

Una desoladora belleza es la que presenta la cima del volcán Irazú. El cráter principal u occidental, en el centro de la fotografía, es de forma circular, mide 1 km. de diámetro y de 250 a 300 m. de profundidad, y en la actualidad contiene una laguna de aguas color verde amarillento.

A view of desolate beauty can be seen from the summit of Irazú Volcano. The main round crater, known as the western crater, in the center of the photograph, measures 1 kilometer in diameter and 250-300 meters deep. Today it contains a lake with yellowish-green water.

En las faldas del Irazú existen áreas con farallones imponentes, que además de constituir un paisaje de gran belleza, permiten hacer estudios sobre la historia geológica del volcán y sobre sucesión forestal.

On the slopes of Irazú there are breathtaking cliffs which besides adding to the great beauty of the landscape, permit studies to be made of the geological history of the volcano and the succession of forests.

183

Monumento Nacional

Guayabo

National Monument

Guayabo es la más importante área arqueológica hasta ahora encontrada en Costa Rica. La ocupación de este lugar parece remontarse al año 500 a. C., aunque fue entre el 800 y el 1400 d. C. cuando se produjo el desarrollo del cacicazgo y se hicieron las construcciones cuyos rasgos arquitectónicos se pueden observar hoy en día. En la fotografía, una calzada y gradas de lajas y cantos rodados.

Guayabo is the most important archeological site discovered to date in Costa Rica. It appears that human occupation of the area goes back to 500 B.C., although the chiefdom truly flourished between 800-1400 A.D. It was at this time that the architectural features that can be seen today were built. In the photograph, a cobble-paved causeway and stairways made of stone slabs and pebbles.

217 Ha.

ES el área arqueológica más importante y de mayor tamaño que se ha descubierto hasta ahora en el país. Guayabo forma parte de la región cultural denominada Intermontano Central y Vertiente Atlántica de Influencia Suramericana. Su ocupación humana parece remontarse al año 500 a. C., aunque fue entre el 800 y el 1400 d. C. cuando se produjo el mayor desarrollo del cacicazgo y se construyeron las estructuras de piedra que se ven hoy día. Guayabo tuvo una posición política y religiosa destacada, y ejercía influencia sobre un área muy grande. Se cree que alrededor del centro existieron una serie de aldeas, que alojaban a una población rural de 1.500 a 2.000 personas, que eran fuente de recursos tributarios en especie y de mano de obra. Asimismo, se considera que sus habitantes, a juzgar por lo fino de los objetos en cerámica, piedra y oro encontrados, participaban de un status cultural elevado. El auge de Guayabo se debía también a su posición estratégica, como sitio de tránsito entre las tierras bajas del Atlántico y las tierras altas centrales.

La importancia arqueológica de Guayabo se conoce desde finales del siglo pasado, cuando se llevaron a cabo varias expediciones para sacar piezas para museos y colecciones privadas, y para completar las colecciones arqueológicas que Costa Rica presentó en la Exposición Histórico-Americana de Madrid, en 1892, al conmemorarse el cuarto centenario del descubrimiento de América.

Los principales rasgos arquitectónicos presentes, de los cuales se han logrado descubrir hasta ahora más de 50, son las calzadas o pisos, las gradas y planos inclinados —para superar las diferencias de altura entre las calzadas y los montículos—, los muros de contención, los puentes, los montículos —utilizados como basamento para viviendas—, los acueductos abiertos y cerrados —muchos todavía en servicio— y los tanques de captación —estructuras rectangulares para el almacenamiento del agua que proviene de los acueductos—. Los rasgos arquitectónicos varían considerablemente en forma y tamaño; las formas más comunes son el círculo, el rectángulo y la elipse, aunque algunos montículos, por ejemplo, presentan forma irregular. En lo que se refiere al tamaño, el área de los montículos varía entre 4 y 700 metros cuadrados, y el rasgo de mayor tamaño es una plaza de 888 metros cuadrados. Los materiales de construcción usados fueron cantos rodados de 40 a 50 cm. de diámetro, que se colocaban en hileras, a veces muy juntos y con la cara más plana hacia arriba, y lajas de longitud variable, algunas de hasta 5 m. de largo.

Los objetos de piedra que más llaman la atención del visitante son los monolitos y los petroglifos. Uno de los monolitos más interesantes encontrado es un canto rodado de forma de cuña, de 1,4 m. de largo por 0,56 m. de ancho, que presenta por un lado un cuadrúpedo —un lagarto— y por el otro un animal de cabeza redondeada y cuerpo fusiforme y alargado —un jaguar—. Los petroglifos se encuentran por todas partes, algunos representan animales como aves y felinos y otros no parecen tener significado. Se han encontrado también en el área cascabeles de oro, una rana de oro y cobre, una punta de proyectil de obsidiana, un fragmento de bastón de madera labrada, mesas monolíticas, una piedra de sacrificios, una fuente, piezas de cerámica, una olla, carbones y granos de maíz tostado. Una de las más extraordinarias piezas encontradas es una lápida de un solo bloque de piedra, de 186 cm. de largo, 60 cm. de ancho y 5 cm. de espesor, que presenta todo el borde adornado con figuras de animales; esta obra de arte se encuentra actualmente en el Museo Nacional.

Un hecho que llama la atención al visitar Guayabo es la forma ingeniosa en que sus ocupantes lograron construir en niveles, aprovechando adecuadamente la topografía un tanto irregular del área.

En el cañón del río Guayabo, próximo al área arqueológica, se puede observar una muestra de los bosques altos y siempreverdes típicos de la región; predominan aquí árboles como el tirrá (*Ulmus mexicana*), el cedro amargo (*Cedrela odorata*), el cerillo (*Symphonia globulifera*) y el magnolia (*Talauma gloriensis*). La fauna es escasa debido al pequeño tamaño del monumento; lo más visible son aves —las más abundantes son los tucanes y las oropéndolas de Montezuma (*Psarocolius montezuma*), insectos, lagartijas, ranas, sapos y algunos mamíferos de pequeño tamaño.

El mayor problema de manejo que tiene este monumento es la conservación de las estructuras de piedra, que una vez desenterradas comienzan a desacomodarse, erosionarse o hundirse. Esto ha obligado a llevar a cabo diversos trabajos de estabilización, a la vez que se ha continuado con las excavaciones con el propósito de ofrecer a mediano plazo a los visitantes un circuito de toda el área.

217 Ha.

GUAYABO is the largest and most important archeological site discovered to date in Costa Rica. It forms part of the cultural region known as the Central Intermountain and Atlantic Basin of South American Influence. It appears that human occupation of the area goes back as far as 500 B.C., although it was from 800-1400 A.D. when the chiefdom truly flourished and when the stone structures that can be seen today were built. Guayabo held an important political and religious position and its influence was spread over a large area. It is thought that the center of the chiefdom was surrounded by a number of small villages with a rural population of between 1,500 to 2,000 people who served as a source of labor and revenue. Judging by the handsome pottery and finely wrought gold and stone artifacts, it would seem that the inhabitants enjoyed an elevated cultural status. The rise of Guayabo was also due to its strategic location as a transition point between the Atlantic lowlands and the high central plateau.

The archeological value of Guayabo has been known since the end of last century when several expeditions were carried out to collect artifacts for museums and private collections, and to complete the archeological collection that Costa Rica exhibited at the Historical-American Exhibition in Madrid in 1892, which was held to commemorate the fourth centennial of the discovery of America.

The main architectural structures that remain, of which over 50 have been excavated to date, consist of cobble-paved causeways and streets, tiers and steps to negotiate the differences in height from the causeways to the mounds, retaining walls, bridges, mounds (used as stone house foundations), open and walled-in aqueducts many of which are still in use, and water tanks, rectangular structures used for collecting water from the aqueducts. The architectural structures vary greatly in shape and size. The most prevalent shapes are the circle, rectangle and ellipse, although some of the mounds have an irregular shape. With regard to size, the area where the mounds have been located varies from 4 to 700 square meters, and the largest structure is a square that measures 888 square meters. The building materials used were round stones of about 40-50 cm. in diameter that were placed in rows, sometimes very close together and with the flattest side face-up, and slabs of different lengths, some up to 5 meters long.

The stone objects that most attract the visitor's notice are the monoliths and petroglyphs. One of the most interesting monoliths discovered is a wedge-shaped boulder, 1.4 meters long by 0.56 meters wide, which displays a quadruped on one side, a lizard, and on the other an animal with a rounded head and a long, spindle-shaped body, a jaguar. Petroglyphs can be found everywhere. Some represent animals such as birds and felines while others seem to have no meaning at all. Golden bells have also been found in the area, together with a gold and copper frog, an obsidian arrowhead, a fragment of a carved wooden staff, monolithic tables, a sacrificial stone, a platter, pottery, ashes and roasted corn kernels. One of the most extraordinary artifacts that has been excavated is a tablet made of a single block of stone that measures 186 cm. long, 60 cm. wide, and 5 cm. thick. The edges of the entire tablet are carved with animal figures. Today this work of art is housed in the National Museum.

One of the awe-inspiring things about Guayabo is the ingenious way in which its inhabitants were able to build on different levels, using the irregular terrain of the area to their advantage.

In the Guayabo River Canyon, not far from the archeological site, is a tall evergreen forest which is typical of the region. The predominant species here are the elm (Ulmus mexicana), Spanish cedar (Cedrela odorata), manni (Symphonia globulifera), and talauma (Talauma gloriensis). Wildlife is scarce due to the small size of the monument. The most visible animals are birds (the most numerous being toucans and Montezuma oropendolas), insects, lizards, frogs, toads and some small mammals.

The most serious management problem facing the park is the conservation of the stone structures which on being excavated have a tendency to shift, erode or sink into the ground. This has led to carrying out several kinds of stabilizing repairs at the same time that the excavations have continued with the aim of providing visitors with a tour of the entire archeological area in the not too distant future.

Este montículo, uno de los más grandes, se encuentra cerca de la entrada al monumento. Sobre estos basamentos los indígenas construían sus viviendas de troncos y hojas de palmas.

This mound, one of the largest excavated, lies close to the entrance to the monument. The indigenous people built houses of tree trunks and palm leaves over these stone foundations.

188

Dos ejemplos del elevado desarrollo artístico de
Guayabo. A la izquierda, monolito decorado con figuras
zoomórficas, hecho posiblemente para propósitos
mortuarios; a la derecha, metate ceremonial de piedra
volcánica con motivos de felinos y figuras geométricas,
elaborado hacia el año 1000 d. C. para propósitos
ceremoniales.

Two examples of the highly developed artistry of the
Guayabo inhabitants. To the left, a monolith decorated
with zoomorphic figures, possibly a funereal object; and
to the right, a ceremonial metate of volcanic stone with
motifs of felines and geometric shapes, made around
1000 A.D. for a ceremonial rite.

Los petroglifos se ven por todas partes en Guayabo. Algunos representan aves y felinos, pero otros, como el de la derecha, no parecen tener significado alguno. El monolito de la fotografía inferior, hallado en 1973, es un canto rodado que muestra en una de sus caras un cuadrúpedo de barba bifurcada. En el cañón del río Guayabo (página de la derecha) se puede observar una muestra de los bosques típicos de la región.

Petroglyphs can be seen everywhere at Guayabo. Some represent birds and felines, but others, such as in the photograph to the right, seem to have no meaning at all. The monolith in the photograph below, excavated in 1973, shows a quadruped with a forked beard on one of its faces. Examples of the forests that are typical of the region can be seen in the canyon formed by the Guayabo River (right overleaf).

Refugio Nacional de Fauna Silvestre

Tapantí

National Wildlife Refuge

El refugio Tapantí, enclavado en la cordillera de Talamanca, abarca en su totalidad la cuenca superior del río Grande de Orosí. Es un área de topografía muy irregular, totalmente cubierta de bosques en los que la precipitación promedio anual alcanza los 7.000 mm.

Tapantí Refuge, set in the Talamanca Mountain Range, includes almost the entire upper channel of the Grande de Orosí River. This is an area of very rugged terrain which is completely covered with forest and which receives an average of 7,000 mm. of rainfall a year.

4.715 Ha.

ES un área de topografía muy irregular caracterizada por la presencia de una gran cantidad de ríos, quebradas y cascadas, como resultado de la alta precipitación y constante nubosidad. Se estima que en el refugio nacen unos 150 cursos de agua.

Los bosques son primarios, siempreverdes, densos y de mediana altura. Los troncos totalmente cubiertos de musgos, hepáticas, líquenes, helechos, bromeliáceas y otras plantas epífitas, siempre están húmedos, aunque hayan pasado días sin llover, debido al fenómeno de la condensación foliar. Algunos de los árboles más comunes son el roble (*Quercus* spp.), el jaúl (*Alnus acuminata*) —particularmente abundante en las orillas de los ríos y a veces en el cauce mismo de éstos—, el chile muelo (*Drimys granadensis*), el quizarrá (*Nectandra* sp.), el ira rosa (*Ocotea* sp.), el cocobola de monte (*Podocarpus* sp.), el papayillo (*Didymopanax pittieri*), el tirrá (*Ulmus mexicana*), el poró colorado (*Erythrina costaricensis*), el achiotillo (*Vismia baccifera*) y el limoncillo (*Siparuna* sp.). Existen además unas 18 especies de helechos arborescentes, y las orquídeas y los bejucos son muy abundantes. Una especie que se encuentra en taludes, orillas de ríos y áreas abiertas, es la sombrilla de pobre (*Gunnera insignis*), la planta con las hojas enteras más grandes que existe en el país.

La fauna es diversa y abundante aunque difícil de ver, a excepción de las aves y las mariposas. Estas últimas se ven por todas partes, sobresaliendo por su belleza la celeste (*Morpho peleides*) y la buhíto pardo (*Caligo* sp.). Algunas de las especies amenazadas de extinción que existen aquí son la danta (*Tapirus bairdii*), el manigordo (*Felis pardalis*), el jaguar (*Felis onca*), el león breñero (*Felis yagouaroundi*) y el tigrillo (*Felis tigrina*). Otras especies de mamíferos presentes son la nutria (*Lutra longicaudis*), el puerco espín (*Coendou mexicanus*), el oso colmenero (*Tamandua mexicana*), el saíno (*Tayassu tajacu*), el pizote (*Nasua nasua*), el mapachín (*Procyon lotor*), el cabro de monte (*Mazama americana*), la guatuza (*Dasyprocta punctata*), el tolomuco (*Eira barbara*), la ceibita o serafín del platanar (*Cyclopes didactylus*), el mono congo (*Alouatta palliata*) y el perezoso de tres dedos (*Bradypus variegatus*).

La avifauna incluye varias especies de tucanes y colibríes, además de la pava granadera (*Penelope purpurascens*), el quetzal (*Pharomachrus mocinno*) —evidentemente, el ave más bella del continente—, la gallina de monte o gongolona (*Tinamus major*), la paloma morada (*Columba flavirostris*), la paloma collareja (*Columba fasciata*) y el jilguero (*Myadestes melanops*).

Debido a la alta humedad y a las temperaturas moderadamente cálidas que existen en el refugio, la población de anuros es muy alta. Se encuentran, entre otros, el sapo común (*Bufo marinus*), el *Bufo melanochloris*, el *Agalychnis annae* —que fue originalmente descrito con base en ejemplares recolectados en Tapantí—, el *Eleutherodactylus fleishmanni*, la *Hyla tica*, la *H. pseudopuma*, la *H. debilis*, la *Rana pipiens* y la *R. warschewitschii*.

La zona de Tapantí forma parte de la cordillera de Talamanca, el más extenso sistema montañoso del país. La formación de esta cordillera comenzó en el Eoceno, hace unos 60-40 millones de años, mediante un vulcanismo inicial, y terminó de conformarse, debido a fenómenos asociados con el tectonismo, hace unos 5-3 millones de años. En general, la cordillera está formada por rocas plutónicas, por vulcanitas y por rocas sedimentarias.

El área de Tapantí, dentro de la cual se halla una pequeña represa para fines hidroeléctricos, es en general poco conocida biológicamente.

4,715 Ha.

THE Tapantí Refuge is located in a region that is characterized by its rugged terrain that is crisscrossed by numerous rivers, canyons and waterfalls as a result of the heavy rainfall and almost constant cloud cover. It is estimated that 150 waterways originate in the refuge.

The vegetation is composed of very dense primary forest with medium-size evergreen species. The tree trunks are completely covered with mosses, liverworts, lichens, ferns, bromeliads and other epiphytic plants, and they are always wet, even when it does not rain for several days, because of the phenomenon of foliar condensation. Some of the most common trees are oak *(Quercus* spp.), alder *(Alnus acuminata)*, which is especially abundant on the riverbanks and sometimes in the rivers themselves, winter's bark *(Drimys granadensis)*, sweetwood *(Nectandra* sp.), lancewood *(Ocotea sp.)*, cypress *(Podocarpus* sp.), didymopanax *(Didymopanax pittieri)*, elm *(Ulmus mexicana)*, poro *(Erythrina costaricensis)*, bloodwood *(Vismia baccifera)*, and small lemon *(Siparuna* sp.). There are also 18 species of tree ferns, and orchids and vines are abundant. One unusual-looking plant found on the slopes and in forest clearings is the poor man's umbrella *(Gunnera* sp.) which has the largest leaves of any plant in Costa Rica.

There is a great wealth and variety of wildlife in the refuge, but the animals are difficult to see, with the exception of birds and butterflies which abound.

The celeste *(Morpho peleides)* and cream owl butterfly *(Caligo* sp.) stand out among the latter for their striking beauty. The refuge is also home to some endangered species, such as the tapir *(Tapirus bairdii)*, ocelot *(Felis pardalis)*, jaguar *(Felis onca)*, jaguarundi *(Felis yagouaroundi)*, and tiger cat *(Felis tigrina)*. Other mammal species that live here are the otter *(Lutra longicaudis)*, Mexican tree porcupine *(Coendou mexicanus)*, northern tamandua *(Tamandua mexicana)*, collared peccary *(Tayassu tajacu)*, white-nosed coati *(Nasua nasua)*, common raccoon *(Procyon lotor)*, red brocket *(Mazama americana)*, agouti *(Dasyprocta punctata)*, tayra *(Eira barbara)*, silky anteater *(Cyclopes didactylus)*, howler monkey *(Alouatta palliata)*, and the three-toed sloth *(Bradypus variegatus)*.

The bird life is composed of several species of toucan and hummingbird, together with the crested guan *(Penelope purpurascens)*, resplendent quetzal *(Pharomachrus mocinno)*, without a doubt, the most beautiful bird on the continent, great tinamou *(Tinamus major)*, red-billed pigeon *(Columba flavirostris)*, band-tailed pigeon *(Columba fasciata)* and black-faced solitaire *(Myadestes melanops)*.

Due to the high humidity and the mild temperatures in the refuge, there is a large population of anurans. Some of the more frequently observed species are the giant toad *(Bufo marinus)*, *Bufo melanochloris*, *Agalychnis annae*, which was first described based on specimens gathered in Tapantí, *Eleutherodactylus fleishmanni*, *Hyla tica*, *H. pseudopuma*, *H. debilis*, *Rana pipiens* and *R. warschewitschii)*.

The Tapantí region forms part of the Talamanca Mountain Range, one of the most extensive mountain systems in the country. The formation of this range began in the Eocene, some 40-60 million years ago. Volcanic activity first, and the phenomena associated with plate tectonics setting shaped the range some 3-5 million years ago. The range is mostly made up of plutonic rocks, vulcanite and sedimentary rocks.

Biologically, the wilderness area of Tapantí is not very well known. There is a small dam in the refuge to produce electricity.

La danta (Tapirus bairdii) *(izquierda)*, es una de las especies amenazadas de extinción en Costa Rica, que encuentra refugio en los espesos bosques de Tapantí.

The tapir, left (Tapirus bairdii), *is one of the endangered species in Costa Rica, where it finds shelter in the dense forests of Tapantí.*

Los bosques de Tapantí son primarios, siempreverdes, densos y de mediana altura. Los troncos de los árboles se hallan totalmente cubiertos de plantas epífitas que testimonian, junto con las quebradas y cascadas, la gran humedad reinante en el ambiente.

The forests of the refuge are primary evergreens which are very thick and of medium height. The tree trunks are completely covered with epiphytic plants which together with the streams and waterfalls give evidence of the high degree of humidity that exists in the region.

El río Grande de Orosi es el recolector de las aguas de
los 150 ríos y quebradas que se estima nacen en
Tapantí. Una pequeña represa, para producción
hidroeléctrica, se encuentra al extremo meridional del
refugio.

The Grande de Orosí River is the collector of the waters
of the 150 rivers and streams that are believed to
originate in Tapantí. A small hydroelectric dam can be
found in the southern corner of the refuge.

La sombrilla de pobre (Gunnera estrellensis), *es la planta más conspicua del refugio por el enorme tamaño de sus hojas. Se la encuentra en taludes y áreas abiertas.*

The poor man's umbrella (Gunnera estrellensis) *is the most unusual plant in the refuge because of the enormous size of its leaves. It grows on the slopes and in the forest clearings.*

Parque Nacional
Chirripó
National Park
&

Parque Internacional
La Amistad Costa Rica-Panamá
International Park

El parque Chirripó y el parque La Amistad son áreas silvestres contiguas que comprenden la región de mayor diversidad biológica del país y constituyen el bosque natural más grande de Costa Rica. En la cima del Chirripó existen lagos de aguas cristalinas que se formaron por la acción de los glaciares hace unos 25.000 a 30.000 años, y que se encuentran rodeados de una vegetación achaparrada que recibe el nombre de páramo. En la fotografía, el lago San Juan, donde nace el río Chirripó del Pacífico.

Chirripó and La Amistad parks are contiguous wilderness areas which together comprise the region with the largest biological diversity in the country, and form the largest virgin forest in Costa Rica. On the summit of Chirripó there are lakes of crystal-clear waters that were formed by glaciations some 25,000 to 30,000 years ago. They are surrounded by a stunted vegetation that is known as paramo. In the photograph, Lake San Juan where the Chirripó del Pacífico River begins.

Chirripó: 50.150 Ha.; Amistad (sección costarricense): 193.929 Ha.

AMBOS parques abarcan el área de mayor diversidad biológica de Costa Rica y constituyen el bosque virgen más grande del país. Se encuentran aquí presentes un número extraordinario de hábitats, producto de las diferencias en altura, suelo, clima y topografía, tales como los páramos, las ciénagas, los robledales, los madroñales, los helechales y los bosques mixtos.

Los páramos, que se extienden a partir de los 2.900-3.100 m., contienen una vegetación de origen andino, achaparrada y muy entremezclada, formada por arbustos, pastos y plantas herbáceas perennes. Una de las especies más comunes aquí es la batamba *(Swallenochloa subtessellata)*. Las ciénagas están restringidas a áreas pequeñas a gran altura, y están formadas por comunidades herbáceas y arbustivas sobre suelos ácidos y de drenaje pobre. Los madroñales están formados por el madroño enano *(Arctostaphylos arbutoides)* como especie dominante, y ocupan áreas extensas en las partes altas. Los robledales están constituidos principalmente por enormes árboles de roble *(Quercus* spp.), de troncos rectos, lisos y con las ramas cargadas de epífitas. Los helechales están compuestos sobre todo por el helecho *Lomaria*, de 1-2 m. de altura, y por esfagno *(Sphagnum* spp.), y forman asociaciones muy densas.

Los bosques mixtos o bosques nubosos, altos y muy húmedos, cubren la mayor parte de ambos parques y contienen una gran complejidad florística. Algunos de los árboles más grandes son el roble, el cedro dulce *(Cedrela tonduzii)*, el amarillón *(Terminalia amazonia)*, el tirrá *(Ulmus mexicana)*, el candelillo *(Magnolia poasana)*, el ira rosa *(Nectandra sanguinea)*, el ciprés lorito *(Podocarpus montanus)* y el cerillo *(Symphonia globulifera)*. Frecuentemente se descubren en ambos parques nuevas especies de plantas.

La fauna es extraordinariamente diversa; se han observado 263 especies de anfibios y reptiles, y unas 400 de aves. Algunos de los mamíferos presentes son la danta *(Tapirus bairdii)* —cuya población es la más alta del país—, el puma *(Felis concolor)*, el jaguar *(Felis onca)*, el cariblanco *(Tayassu pecari)*, el manigordo *(Felis pardalis)*, el cacomistle *(Bassariscus sumichrasti)*, el tolomuco *(Eira barbara)*, el olingo *(Bassaricyon gabbii)* y el león breñero *(Felis yagouaroundi)*. Entre las aves presentes se pueden mencionar el quetzal *(Pharomachrus mocinno)* —también llamado el fénix de los bosques—, el águila crestada *(Morphnus guianensis)*, el gavilán colirrojo *(Buteo jamaicensis)*, el colibrí volcanero *(Selasphorus flammula)*, la pava negra *(Chamaepetes unicolor)*, la zeledonia *(Zeledonia coronata)*, la viuda roja *(Trogon elegans)* y el carpintero careto *(Melanerpes formicivorus)*. Algunos de los anfibios y reptiles más comunes son la lagartija *Gerrhonotus monticolus*, la salamandra montañera *(Bolitoglossa subpalmata)* y los anuros *Agalychnis annae, Hyla tica, H. picadoi, H. lancasteri* y *Phyllomedusa lemur*. Se estima que ambos parques incluyen más del 60 por 100 de todos los vertebrados e invertebrados de Costa Rica.

Los parques Chirripó y La Amistad abarcan la parte media y superior de la Cordillera de Talamanca, el sistema montañoso más extenso del país. La formación de esta cordillera comenzó en el Eoceno, hace unos 60-40 millones de años, mediante un vulcanismo inicial. Hace unos 18 millones de años, tuvo lugar un plegamiento de origen tectónico seguido por un fuerte plutonismo que produjo el levantamiento rápido de toda el área. La conformación final de la cordillera se dio en la fase postorogénica, hace unos 5-3 millones de años, cuando se presentaron fenómenos ligados al tectonismo tales como afallamiento y vulcanismo extenso.

Uno de los descubrimientos geomorfológicos más interesantes que se ha hecho en el Chirripó, es el de las variadas formas glaciares que se conservan casi intactas; existen pequeños valles glaciares en forma de U, morrenas terminales, lagos y circos glaciares que se formaron por la acción y movimiento de masas de hielo hace unos 25.000-30.000 años.

El parque Chirripó incluye la montaña más alta del país, el cerro Chirripó, de 3.819 m.

El clima de la región es muy variable, y depende especialmente de la altitud y de la vertiente, aunque en general es muy húmedo. Llueve al menos 3.200 mm. al año, aunque en algunas partes se estima que la precipitación alcanza los 6 m. Las partes más altas están sujetas a heladas frecuentes y a cambios bruscos de temperatura —hasta de 24 °C entre la noche y el día—. La temperatura más baja registrada en el Chirripó —y en el país— es de -9 °C.

Los parques Chirripó y La Amistad y algunas áreas vecinas fueron declarados por la Unesco en 1982 como «Reserva de la Biosfera» y en 1983 como «Sitio del Patrimonio Mundial».

Chirripó: 50,150 Ha. Amistad (Costa Rican sector): 193,929 Ha.

T HESE two parks contain the greatest biological wealth and variety in all of Costa Rica, and they protect the largest virgin forest in the country. As a result of the differences in altitude, soil type, climate and topography, an extraordinary number of habitats can be found here. These include paramos, swamps, oak forests, madrono forests, fern groves and different kinds of mixed forests.

The paramos, which begin at 2,900-3,100 meters, consist of stunted, very mixed shrubs, grasses and perennial herbaceous plants of Andean origin. One of the most frequently seen species here is the batamba *(Swallenochloa subtessellata)*. The swamps are limited to very small areas at great heights and they are composed of herbaceous and shrub communities that grow in poor-draining, acid soil. The forests are composed of madrono which is the predominant species that covers vast expanses of the upper reaches of the park. The oak forests consist mainly of huge oak trees *(Quercus* spp.) with straight, smooth trunks and branches covered with epiphytic plants. The fern groves are mainly made up of the *Lomaria* fern, that grows 1-2 meters high, and of sphagnum moss *(Sphagnum* spp.).

The tall, damp cloud forests cover the greater part of both parks and are extremely complex. Some of the largest trees are the oak, sweet cedar *(Cedrela tonduzii)*, nargusta *(Terminalia amazonia)*, elm *(Ulmus mexicana)*, magnolia *(Magnolia poasana)*, lancewood *(Nectandra sanguinea)*, mountain cypress *(Podocarpus montanus)*, and manni *(Symphonia globulifera)*.

There is a great variety of wildlife: 263 species of amphibians and reptiles, and about 400 bird species have been observed.

Some of the mammals that live in the parks are the tapir *(Tapirus bairdii)*, with the largest population in the country, puma *(Felis concolor)*, jaguar *(Felis onca)*, white-lipped peccary *(Tayassu pecari)*, ocelot *(Felis pardalis)*, cacomistle *(Bassariscus sumichrasti)*, tayra *(Eira barbara)*, olingo *(Bassaricyon gabbii)*, and jaguarundi *(Felis yagouaroundi)*. Among the birds, mention must be made of the resplendent quetzal *(Pharomachrus mocinno)*, which is also called the «phoenix of the forest», black guan *(Chamaepetes unicolor)*, crowned wren-thrush *(Zeledonia coronata)*, elegant trogon *(Trogon elegans)*, and acorn woodpecker *(Melanerpes formicivorus)*. Some of the most prevalent amphibians and reptiles are the *Gerrhonotus monticolus* lizard, mountain salamander *(Bolitoglossa subpalmata)*, and anurans of the *Agalychnis annae, Hyla tica, H. picadoi, H. lancasteri* and *Phyllomedusa lemur* species. An estimate has been made that both parks shelter 60% of all the vertebrate and invertebrate animals in Costa Rica.

Chirripó and La Amistad National Parks cover the middle and upper regions of the Talamanca Mountain Range, the most extensive range in the country. The formation of this mountain system began in the Eocene, some 40-60 million years ago, initially by volcanic activity. Around 18 million years ago a tectonic folding took place, followed by intense plutonic activity which caused a rapid elevation of the entire area. The definitive shape of the range was attained during the post-orogenic phase approximately 3-5 million years ago when phenomena associated with tectonics, such as faulting and intense volcanic activity, took place.

One of the most interesting geomorphological discoveries that has been made in Chirripó is of several glacier features which remain intact. There are small, U-shaped glacial valleys, terminal moraines, glacial lakes and cirques formed by the action and movement of ice about 25,000-30,000 years ago.

The tallest mountain in the country, Chirripó Peak, which towers 3,819 meters high, is part of the park of the same name.

The climate of the region varies greatly and largely depends on altitude and slope incline, although it is generally very humid. It rains at least 3,2000 mm. a year, and in some parts of the parks, rainfall estimates are as high as 6 meters. The upper reaches of the parks are subject to frequent frosts and brusque temperature changes, with a difference of as much as 24° C between night and day. The lowest temperature recorded in Chirripó (and in the country) is -9° C.

One of the most valuable benefits of the two parks is the protection of the region's vast network of watersheds.

Chirripó and La Amistad parks together with some of the neighboring areas were declared a «Biosphere Reserve» by the UNESCO in 1982, and one of the «World Heritage Sites» in 1983.

El quetzal es el ave más bella del Nuevo Mundo. Su plumaje es verde metálico y su vientre es carmesí. Las plumas de la cola, su principal adorno, son de llamativo color verdoso con reflejos azul violeta. Esta especie es, afortunadamente, bastante común en ambos parques.

The quetzal is the most beautiful bird in the New World. Its feathers are metallic green and its underside is crimson. The long tail feathers, its chief adornment, are brilliant green with bluish-violet highlights. This species is, fortunately, quite common in both parks.

El puma (Felis concolor) es una de las seis especies de felinos que viven en estos parques. Este gato, que se encuentra en peligro de extinción, habita tanto en bosques húmedos y deciduos como en sabanas.

The puma (Felis concolor) is one of the 6 species of felines that live in the park. This endangered cat lives in moist and deciduous forests, as well as in the savannah woodlands.

Estos bellísimos farallones se denominan cerro Crestones. Por su característica forma se divisan desde muy lejos. En esta área la vegetación está constituida principalmente por ericáceas y son abundantes las rocas alisadas por efecto de los glaciares.

These splendid crests are called Crestones Peak. Their characteristic shape makes it possible for them to be seen from a great distance. The predominant vegetation in this region is composed of ericaceous plants, and there are numerous rocks that have been smoothed and polished by glaciars.

Este lago, en medio de la selva, llamado Dabagri, está localizado cerca del río Llei, a unos 1.100 m. de altitud, en el lado atlántico del parque de La Amistad.

This lake in the middle of the forest, known as Dabagri, is located close to the Llei River at about 1,100 meters above sea level on the Atlantic side of La Amistad Park.

La lagartija Sceloporus malachiticus *es común en la parte más alta de ambos parques. Esta especie se alimenta de insectos.*

The Sceloporus malachiticus lizard is prevalent in the higher reaches of both parks. This species feeds on insects.

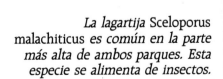

El cerro Chirripó, de 3.820 m. (arriba) es el pico más alto del país. Desde esta cima, en días despejados, se divisa la mitad del territorio nacional. Gran parte de ambos parques está cubierta por bosques nubosos (derecha). Dicha vegetación fue alguna vez llamada «el hogar ancestral de los gnomos».

At 3,820 meters, Chirripó Peak (above) is the highest mountain in the country. On clear days, half of the country can be seen from the summit. A large part of both parks is covered with cloud forest (right). This habitat was at one time called the «ancestral home of the gnomes».

208

Bosque cercano a la cima de la cordillera. Conforme aumenta la altitud, el bosque se vuelve de menor altura y presenta un menor número de especies. Obsérvese lo denso del sotobosque y la abundancia de helechos y epífitas.

The forest close to the summit of the mountain range. The greater the altitude, the more stunted the forest growth and the fewer the number of wildlife species. The dense understorey and the abundance of ferns and epiphytic plants can be seen here.

Los páramos se extienden en ambos parques, a partir de los 2.900 m. y hasta los 3.100 m. Este hábitat tiene una vegetación de origen andino, achaparrada y muy entremezclada. En la fotografía se observa el páramo que cubre el valle de los Conejos.

The paramos extend in both parks from 2,900 meters up to 3,100 meters. This habitat features a very mixed and stunted vegetation of Andean origin. In the photograph, a view of the paramo that covers the Conejos Valley.

Bosque en lenta recuperación cerca de la cima del Chirripó, en la vertiente del Pacífico. Han ocurrido varios incendios en las últimas décadas en estos bosques. El área de la fotografía se quemó en marzo de 1976 y podrá tardar unos 100 años en recuperarse.

A forest near the summit of Chirripó on the Pacific side that is in the slow process of regrowth. Several forest fires have taken place in these parts in the last few decades. The area in the photograph was the scene of a forest fire in March, 1976, and it may take 100 years for it to grow back.

Reserva Biológica

Hitoy-Cerere

Biological Reserve

La reserva Hitoy-Cerere comprende la parte superior de las cuencas de los ríos Hitoy y Cerere. La alta precipitación, unos 3.500 mm. por año, favorece la complejidad del bosque y el tamaño de ciertas especies. Algunos árboles gigantes del bosque, como el ceiba (Ceiba pentandra), al fondo en la fotografía, alcanzan más de 50 m. de altura. Las raíces fúlcreas que se observan a la derecha corresponden a la palma chonta (Socratea durissima) y las plantas pequeñas sobre el suelo son del género Spathiphyllum.

Hitoy-Cerere Biological Reserve includes the upper channels of the Hitoy and Cerere Rivers. Heavy rainfall, with over 3,500 mm. a year, favors a highly complex forest growth with trees of unusual proportions. Some of the giant trees, such as the silk cotton (Ceiba pentandra), in the background of the photograph, grow to over 50 meters high.
The stilt roots seen to the right correspond to the black palm (Socratea durissima), and the small plants on the ground to the genus Spathiphyllum.

9.154 Ha.

ESTA reserva se localiza en una zona de topografía muy abrupta y muy húmeda; llueve más de 3.500 mm. por año, y no existe una estación seca definida. Como resultado de la alta pluviosidad, la zona está surcada por infinidad de ríos muy pedregosos, con rápidos y cascadas, algunas de las cuales alcanzan varias decenas de metros de altura. De hecho, es interesante indicar que los nombres indígenas bribrí de esta reserva, tienen que ver con características fluviales; Hitoy significa lanoso, para indicar que las piedras de este río están cubiertas de algas y musgos, y Cerere quiere decir de aguas claras.

Los bosques son siempreverdes, de varios estratos, muy densos y de gran complejidad biológica. Debido a factores ambientales tales como suelo, pendiente, drenaje y exposición al viento, se han desarrollado diversos hábitats que muestran marcadas diferencias en cuanto a altura de los árboles y composición del bosque. La elevación de la masa forestal varía, aunque en general es bastante alta; la mayoría de los árboles del estrato superior tienen más de 30 m. y los emergentes pueden alcanzar más de 50 m. Las especies de árboles más comunes son el cedro macho *(Carapa guianensis)*, el gavilán *(Pentaclethra macroloba)*, el María *(Calophyllum brasiliense)*, el ceiba *(Ceiba pentandra)*, el javillo *(Hura crepitans)*, el guayabón *(Terminalia chiriquensis)*, el caretigre *(Aspidosperma megalocarpum)*, el balsa *(Ochroma lagopus)*, el pilón *(Hieronyma alchorneoides)*, el indio desnudo *(Bursera simaruba)* y el lechoso *(Brosimum utile)*. La mayor parte de los árboles están cubiertos por una capa de musgos y líquenes, y en las ramas proliferan las orquídeas, las bromeliáceas y otros tipos de plantas epífitas. En el sotobosque abundan los helechos arborescentes, y sobre el piso es común la selaginela *(Selaginella sp.)*.

La fauna es rica y variada, aunque la mayoría de las especies, por vivir en las copas o ser nocturnas son poco visibles. Algunos de los mamíferos presentes son el perezoso de tres dedos *(Bradypus variegatus)*, la ceibita o serafín del platanar *(Cyclopes didactylus)*, el zorro cuatro ojos *(Philander opossum)*, la nutria *(Lutra longicaudus)*, el zorro de balsa *(Caluromys derbianus)*, la danta *(Tapirus bairdii)*, el jaguar *(Felis onca)*, el cabro de monte *(Mazama americana)*, el tolomuco *(Eira barbara)*, el trigrillo *(Felis wiedii)*, el saíno *(Tayassu tajacu)* y los monos congo *(Alouatta palliata)* y carablanca *(Cebus capucinus)*.

Se han observado unas 115 especies de aves en el área, incluyendo la oropéndola de Montezuma *(Psarocolius montezuma)* —que se congregan para construir gran cantidad de nidos colgantes en un solo árbol—, el zopilote cabecirrojo *(Cathartes aura)*, el loro cabeciazul *(Pionus menstruus)*, el bobo chizo *(Piaya cayana)*, el oropopo *(Pulsatrix perspicillata)*, el colibrí pechiazul *(Amazilia amabilis)*, el trogón coliplomizo *(Trogon massena)*, el martín pescador verde *(Chloroceryle americana)* y el curré negro *(Ramphastos sulfuratus)*. Las ranas y los sapos son bastante abundantes aunque no han sido estudiados en la reserva hasta ahora.

La región de Hitoy-Cerere forma parte de la cordillera de Talamanca. La formación de esta extensa cadena montañosa se inició en el Eoceno, hace unos 60-40 millones de años, mediante un vulcanismo inicial, y terminó de conformarse, debido a fenómenos ligados al tectonismo, hace unos 5-3 millones de años. En general esta reserva ha sido poco estudiada biológicamente, e incluso algunas de sus zonas no han sido exploradas todavía.

9,154 Ha.

THIS reserve is located in a region of very rugged terrain and very high humidity. It rains over 3,500 mm. a year and there is no defined dry season. As a result of this heavy rainfall, the reserve is crisscrossed by innumerable rock-strewn streams and swift, whitewater rivers. Spectacular waterfalls plunge from considerable heights throughout the reserve. It is interesting to note that the Bribrí Indian names for this reserve are related to characteristics of its waterways: Hitoy means woolly, a reference to the fact that the rocks in this river are covered with moss and algae, while Cerere means clear waters.

The forests are thick evergreen with several stories and an immense biological complexity. Due to environmental factors such as soil, slope incline, drainage and exposure to wind, several habitats have evolved that are markedly different according to tree height and forest composition. The elevation of the forest cover varies, although it is generally quite high. Most of the trees in the upper layer grow to 30 meters high and those of the emergent layer can reach 50 meters or more. The most common species are crabwood *(Carapa guianensis)*, wild tamarind *(Pentaclethra macroloba)*, Santa Maria *(Calophyllum brasilense)*, silk cotton *(Ceiba pentandra)*, possum-wood *(Hura crepitans)*, nargusta *(Terminalia chiriquensis)*, malady *(Aspidosperma megalocarpum)*, balsa *(Ochroma lagopus)*, bully tree *(Hieronyma alchorneoides)*, gumbo-limbo *(Bursera simaruba)*, and cow tree *(Brosimum utile)*. Most of the trees are cloaked by mosses and lichen, and orchids, bromeliads and other epiphytic plants cascade from the branches. Tree ferns grow in the understorey and the ground is covered with selaginella *(Selaginella sp.)*.

There is a wealth and variety of wildlife in the reserve, although most of the species are either nocturnal or live in the tree-tops and are therefore difficult to see. Some of the mammals that live here are the three-toed sloth *(Bradypus variegatus)*, silky anteater *(Cyclopes didactylus)*, gray four-eyed opossum *(Philander opossum)*, otter *(Lutra longicaudus)*, woolly opossum *(Caluromys derbianus)*, tapir *(Tapirus bairdii)*, jaguar *(Felis onca)*, red brocket *(Mazama americana)*, tayra *(Eira barbara)*, margay cat *(Felis weiddi)*, collared peccary *(Tayassu tajacu)*, and howler and white-faced capuchin monkeys *(Alouatta palliata* and *Cebus capucinus)*.

115 species of bird have been observed, including the Montezuma oropendola *(Psarocolius montezuma)*, which groups together to build several nests that hang from one single tree, turkey vulture *(Cathartes aura)*, blue-headed parrot *(Pionus menstruus)*, cayenne squirrel-cuckoo *(Piaya cayana)*, spectacled owl *(Pulsatrix perspicillata)*, blue-crested hummingbird *(Amazilia amabilis)*, slaty-tailed trogon *(Trogon massena)*, green kingfisher *(Chloroceryle americana)* and keel-billed toucan *(Ramphastos sulfuratus)*. Frogs and toads are fairly numerous although they have not been studied yet.

The Hitoy-Cerere region forms part of the Talamanca Mountain Range. The formation of this extensive mountain system began in the Eocene, some 40-60 million years ago. Volcanic activity first, and then phenomena associated with plate tectonics setting shaped the range some 3-5 million years ago. Not many biological studies have been made in the reserve and there are even areas which have not yet been explored.

Los bosques de la reserva Hitoy-Cerere son siempreverdes, de varios estratos, densos y de gran complejidad florística. La mayoría de los árboles del estrato superior, como algunos que se observan en la fotografía, tienen más de 30 m. de altura.

The forests in the reserve are thick evergreen with several stories and a great complexity of plant life. Most of the trees in the emergent layer, like some seen in the photograph, tower over 30 meters high.

Los nombres indígenas de la reserva tienen que ver con la alta pluviosidad. Hitoy significa «lanoso» y Cerere «de aguas claras». Es frecuente encontrar hongos de la familia Polyporaceae —en la fotografía, Fomes *sp.*— que han crecido sobre madera muerta, con lo cual aceleran el proceso de descomposición.

The indigenous names of the reserve are related to its heavy rainfall. Hitoy *means* «woolly» and Cerere, «clear waters». A familiar sight in the reserve is a cluster of mushrooms belonging to the Polyporaceae family —the photograph shows the Fomes *sp.*— that grow on rotting wood and, in this way, speed up the process of decomposition.

El bosque tropical es una farmacia natural. Si la humanidad no contara con estos bosques, el botiquín médico estaría semivacío. Esta es una de las múltiples razones que justifican la conservación de la vegetación de Hitoy-Cerere. En la fotografía, en primer plano, la inflorescencia colgante de la Heliconia mariae.

The tropical rain forest is a natural pharmacy. If mankind were no longer able to count on having these forests, the world's medicine chests would be half-empty. This is one of the many reasons why the vegetation in Hitoy-Cerere must be conserved. In the foreground of the photograph, the hanging inflorescence of the Heliconia mariae.

Para el año 2000, los extensos bosques tropicales que otrora poblaron el planeta estarán reducidos a simples fragmentos. Anualmente, los bosques tropicales son destruidos a una tasa equivalente a tres veces la superficie de Suiza. El pueblo de Costa Rica tiene el poder para decidir que bosques como los de Hitoy-Cerere se conserven para siempre.

By the year 2000, the vast tropical rain forests that once flourished on our planet will be reduced to mere patches. Every year tropical rain forests are destroyed at a rate that is equal to three times the land surface of Switzerland. The people of Costa Rica have the power to decide that the forests, like those of Hitoy-Cerere, should be saved forever.

Refugio Nacional de Vida Silvestre

Caño Negro

National Wildlife Refuge

El lago Caño Negro, localizado en la llanura de los Guatusos, es un área de rebalse del río Frío. Este lago, ubicado al sur del refugio, abarca unas 800 Ha. y durante la estación seca, entre febrero y mayo, queda reducido a lagunas, como la de la fotografía, donde se concentran grandes poblaciones de aves acuáticas.

Lake Caño Negro, located in the southern part of the refuge in the Guatusos Lowlands, is a spill-off site for the Frío River. It covers about 800 hectares and during the dry season between February and May it dries up, leaving only a few pools, like that of the photograph, where large populations of waterfowl gather.

9.969 Ha.

CAÑO Negro está constituido por el lago del mismo nombre, en la parte S., y por terrenos pantanosos, formados por sedimentación aluvial, que integran todo el resto del refugio. El lago estacional de Caño Negro, de unas 800 Ha. de superficie y de unos 3 m. de profundidad, es un área de rebalse del río Frío. Durante la estación seca, entre febrero y mayo, el lago llega a desaparecer casi por completo, quedando reducido a pequeñas lagunetas, caños secundarios y a un brazo del mismo río.

En el refugio existen 3 hábitats mayores: vegetación herbácea, bosque mixto de inundación estacional y bosque mixto con palmas. La vegetación herbácea se observa en el lago propiamente dicho —en la estación seca— y en sus alrededores. Predomina el pasto gamalote *(Paspalum fasciculatum)*, que crece junto con arbustos de dormilona *(Mimosa pigra)*, guaba mecate *(Inga edulis)* y saragundí *(Cassia reticulata)*. En otras partes, hacia la periferia del lago, se encuentran parches de vegetación en los que predomina el junco *(Juncus* sp.) o se observa una mezcla de junco con pastos, ciperáceas y otras especies. En otras partes se encuentra una mezcla de especies herbáceas con árboles y arbustos, principalmente de jelinjoche *(Pachira aquatica)*, juanilama *(Lippia alba)*, guaba mecate, sotacaballo *(Pithecolobium longifolium)* y anona silvestre *(Annona glabra)*.

El bosque mixto de inundación estacional bordea a la vegetación herbácea y se encuentra también formando parches por toda la superficie del refugio. Estos terrenos están sujetos a un mayor o menor grado de anegamiento, dependiendo de pequeñas diferencias en el relieve. Estos bosques son muy variados en especies, aunque en algunas partes puede predominar un árbol en particular, caso del cerillo *(Symphonia globulifera)* y del camíbar *(Copaifera aromatica)*. Otros árboles aquí presentes son el guácimo colorado *(Luehea seemannii)*, el ceiba *(Ceiba pentandra)*, el roble de sabana *(Tabebuia rosea)*, las palmas corozo *(Elaeis oleifera)* y real *(Scheelea rostrata)*, el fruta de mono *(Posoqueria latifolia)*, el gavilán *(Pentaclethra macroloba)* y el fruta dorada *(Virola* spp.).

El bosque mixto con palmas se localiza por toda la superficie del refugio en aquellos terrenos que se anegan en forma permanente o casi permanente. Tres especies de palmas, el yolillo *(Raphia taedigera)*, la palma real y la palma corozo son aquí más abundantes que en el bosque mixto de inundación estacional. Junto con las palmas predominan también árboles adaptados a suelos pantanosos tales como el cedro macho *(Carapa guianensis)*, el cerillo, el guácimo colorado, el jelinjoche, el espavel *(Anacardium excelsum)* y el cacao de mico *(Herrania purpurea)*. Otras dos especies de palmas presentes, aunque en poca densidad, son la coquillo *(Astrocaryum alatum)*, de pequeño tamaño, y la *Acoelorrhaphe wrightii*, una planta nueva para la flora costarricense.

La presencia de una avifauna rica y diversa es lo que justificó el establecimiento del área como refugio de vida silvestre. Algunas aves son muy abundantes, y es posible verlas en la estación seca por centenares en los bancos de arena o sobre algunos árboles. Las aves acuáticas más comunes o sobresalientes son el pato aguja *(Anhinga anhinga)*, la espátula rosada *(Ajaia ajaja)*, el ibis blanco *(Eudocimus albus)*, el gallito de agua *(Jacana spinosa)*, el cigüeñón *(Mycteria americana)*, el galán sin ventura *(Jabiru mycteria)* —el ave de mayor tamaño en el área y muy amenazada de extinción—, el piche *(Dendrocygna autumnalis)*, la garcilla bueyera *(Bubulcus ibis)* —se posan por centenares en árboles a la orilla del río Frío—, y el cormorán neotropical *(Phalacrocorax olivaceus)*. El cormorán, que anida en el refugio, es el ave más abundante, y la colonia que aquí existe es la más grande de Costa Rica. En el refugio se encuentra la única población permanente en el país del clarinero nicaragüense *(Quiscalus nicaraguensis)*, ave endémica a la cuenca del lago de Nicaragua.

Algunos de los mamíferos y reptiles amenazados de extinción aquí presentes son el puma *(Felis concolor)*, el jaguar *(Felis onca)*, el manigordo *(Felis pardalis)*, la danta *(Tapirus bairdii)* y el cocodrilo *(Crocodylus acutus)*. Otras especies de mamíferos presentes son los monos congo *(Alouatta palliata)*, colorado *(Ateles geoffroyi)* y carablanca *(Cebus capucinus)*, el saíno *(Tayassu tajacu)*, el cariblanco *(Tayassu pecari)*, la nutria *(Lutra longicaudus)*, el perezoso de dos dedos *(Choloepus hoffmanni)*, el tolomuco *(Eira barbara)* y el venado *(Odocoileus virginianus)*. En el río y en los caños abundan también las tortugas, los caimanes *(Caiman crocodylus)*, los tiburones toro *(Carcharhinus leucas)*, y los peces róbalo *(Centropomus undecimalis)* y gaspar *(Atractosteus tropicus)* —éste último considerado como un fósil viviente.

9,969 Ha.

CAÑO Negro consists of a lake of the same name, in the southern sector of the refuge, and of swamp and marshlands, formed by alluvial sediments, which make up the rest of this protected area. Caño Negro Lake, which covers an expanse of approximately 800 Ha. and is 3 meters deep, is a seasonal spill-off site for the Frío River. During the dry season from February to May, the lake almost completely disappears, leaving behind only a few small pools, secondary inlets and an arm of the river.

There are three main habitats in the refuge: herbaceous vegetation, mixed seasonal swamp forest, and mixed palm forest. The herbaceous vegetation can be seen in the lake itself, during the dry season, and along its shores. The predominant species is gamalote grass (Paspalum fasciculatum), which grows together with dormilona (Mimosa pigra), ice cream bean (Inga edulis), and wild senna (Cassia reticulata). In the other areas, towards the outer reaches of the lake, there are clumps of vegetation made up primarily of junco (Juncus sp.), or of a mixture of junco, grasses, and cyperaceous and other species of plants. Elsewhere there are mixtures of herbaceous species together with trees and shrubs, mainly the provision tree (Pachira aquatica), juanilama (Lippia alba), ice cream bean, swampwood (Pithecolobium longifolium), and wild anona (Annona glabra).

The mixed seasonal swamp forest borders the herbaceous vegetation and also grows in clumps throughout the refuge. This kind of forest is subject to flooding to a greater or lesser degree depending on small differences in the contour of the land. There is a variety of species, although in some places one tree in particular can be predominant, such as the manni (Symphonia globulifera) and copaiba (Copaifera aromatica). Other trees that grow here are the cotonron (Luehea seemannii), silk cotton (Ceiba pentandra), mayflower (Tabebuia rosea), corozo palm (Elaeis oleifera), royal palm (Scheelea rostrata), monkey apple (Posoqueria latifolia), wild tamarind (Pentaclethra macroloba), and banak (Virola spp.).

The mixed palm forest can be found throughout the refuge where the land is always or almost always under water. Three species of palm tree —the holillo (Raphia taedigera), royal, and corozo palms— are more abundant here than in the mixed seasonal swamp forest. Together with these palm trees is a large number of trees adapted to swampy soil such as the crabwood (Carapa guianensis), manni, cotonron, provision tree, espave (Anacardium excelsum), and wild cacao (Herrania purpurea). Two other palm trees that grow in this forest, but not so thickly, are the coquillo (Astrocaryum alatum) and the Acoelorrhaphe wrightii palms, the latter being a new species for the flora of Costa Rica.

The abundance and variety of birds is what justified establishing this area as a wildlife refuge. Some of the flocks of birds are extremely numerous and during the dry season, it is possible to see hundreds of them perched in some of the trees or along the sand banks. Among the most prevalent or attractive birds are the anhinga (Anhinga anhinga), roseate spoonbill (Ajaia ajaja), white ibis (Eudocimus albus), northern jacana (Jacana spinosa), wood stork (Mycteria americana), jabiru (Jabiru mycteria) which is the largest bird in the region and in great danger of extinction, black-bellied tree-duck (Dendrocygna autumnalis), cattle egret (Bubulcus ibis) which perches in the hundreds in the trees that line the Frío River, and the Neotropic cormorant (Phalacrocorax olivaceus) which is the most prevalent bird in the refuge as Caño Negro has the largest colony in the country of this species of cormorants. The refuge also protects the country's only permanent population of Nicaraguan grackle (Quiscalus nicaraguensis). This is a bird that is endemic to the basin area of Lake Nicaragua.

Some of the mammals and reptiles in danger of extinction which live in the refuge are the cougar (Felis concolor), jaguar (Felis onca), ocelot (Felis pardalis), tapir (Tapirus bairdii), and crocodile (Crocodylus acutus). Other mammal species that can be found are the howler monkey (Alouatta palliata), spider monkey (Ateles geoffroyi), white-faced capuchin monkey (Cebus capucinus), collared peccary (Tayassu tajacu), white-lipped pecary (Tayassu pecari), Neotropical river otter (Lutra longicaudus), two-toed sloth (Choloepus hoffmanni), tayra (Eira barbara), and white-tailed deer (Odocoileus virginianus). Turtle species, caiman (Caiman crocodylus), bull shark (Carcharhinus leucas), Caribbean snook (Centropomus undecimalis) and gar fish (Atractosteus tropicus), the latter believed to be a living fossil, all find homes in the river and its channels.

El martín peña (Tigrisoma mexicanum), arriba, es un ave que se observa particularmente en los bosques de galería, manglares, bordes de lagunas y pantanos. El cigüeñón (Mycteria americana), derecha, el ave de color blanco y negro en la fotografía, es una de las especies más abundantes en Caño Negro, al igual que en Palo Verde.

The Mexican tiger-bittern (Tigrisoma mexicanum), above, is a bird that is frequently seen in the gallery forests, mangrove swamps and along the shores of lakes and marshes. The wood stork (Mycteria americana), the black and white bird in the photograph to the right, is one of the most prevalent species in Caño Negro, the same as in Palo Verde.

El cormorán neotropical u oliváceo (Phalacrocorax olivaceus) es el ave más abundante del refugio. La colonia que aquí existe es la más grande del país. En la fotografía, dos aves adultas posadas sobre ramas en medio del río Frío.

The Neotropic cormorant (Phalacrocorax olivaceus) is the predominant species in the refuge. The colony that exists here is the largest in the country. In the photograph, two adult birds resting on branches in the middle of the Frío River.

Los cigüeñones (Mycteria americana), *en vuelo en la fotografía, y* las garzas reales (Casmerodius albus), *son dos de las aves acuáticas más comunes en el refugio.*

Wood storks (Mycteria americana), *in flight, and great egrets* (Casmerodius albus) *are two of the most common waterfowl in the refuge.*

El río Frío nace cerca de la laguna del Arenal, cruza el refugio de sur a norte y desemboca en el lago de Nicaragua. En la fotografía se observa el brazo que atraviesa el área del lago Caño Negro y que se rebalsa durante la estación lluviosa.

The source of the Frío River is close to Lake Arenal from where it crosses the refuge from south to north and empties into Lake Nicaragua. In the photograph, the arm that traverses the area around Lake Caño Negro and that overflows during the rainy season.

El mono congo (Alouatta palliata) *es común en el refugio. Esta especie se encuentra por todo el país, excepto en la parte alta de las cordilleras; forma grupos de hasta 30 individuos y su pelaje varía de negro a café oscuro.*

The howler monkey (Alouatta palliata) is frequently encountered in the refuge. This species is found everywhere in the country, except in the upper reaches of the mountain ranges. It lives in groups of up to 30 individuals and the color of its fur ranges from black to dark brown.

Barra del Colorado

National Wildlife Refuge

El refugio de Barra del Colorado es una de las áreas silvestres de mayor extensión del país y corresponde a una de las zonas más lluviosas. Allí la precipitación varía desde unos 4.000 mm. por año en la parte oeste, hasta unos 5.500 mm. en la parte norte de la porción costera. Ello ha dado lugar a la presencia de diversos humedales tales como lagunas, caños y pantanos de diferente composición florística.

Barra del Colorado Refuge is one of the largest wilderness areas in the country and corresponds to one of the zones with the heaviest rainfall. The precipitation ranges from 4,000 mm. a year in the western sector, up to 5,500 mm. in the northern coastal area. This has favored the formation of different kinds of wetlands such as lakes, springs and swamps, all with their own unique flora.

92.000 Ha.

EL refugio se localiza en una región formada por una gran llanura aluvial de origen reciente, en la que afloran pequeñas colinas de roca volcánica. Toda el área es muy lluviosa —unos 6.000 mm. al año— y está constituida principalmente por un mosaico de bosques pantanosos, pantanos de palmas y bosques mixtos de diversa composición.

Los bosques pantanosos difieren considerablemente en su composición según pequeñas variaciones en el relieve. Las principales especies de árboles aquí presentes son el sangregao (*Pterocarpus officinalis*), el cedro macho (*Carapa guianensis*), el gavilán (*Pentaclethra macroloba*), el jelinjoche (*Pachira aquatica*), el cativo (*Prioria copaifera*) y la palma yolillo (*Raphia taedigera*). Los pantanos de palmas usualmente permanecen inundados todo el año y en ellos predominan las palmas yolillo y manicaria (*Manicaria saccifera*) —en algunas áreas sólo se encuentra la palma yolillo—. Otras especies existentes son el gavilán, el cedro macho, el orey (*Campnosperma panamensis*), el María (*Calophyllum brasiliense*), el jaguey o tabacón (*Grias fendleri*), el guácimo colorado (*Luehea seemanii*), el higuerón (*Ficus* sp.), el *Amanoa potamophylla* y el *Xylopia sericophylla*. Los bosques mixtos ocupan áreas no pantanosas, particularmente en las colinas de origen volcánico; algunas de las especies que aquí se encuentran son el gavilán —muy abundante—, el cativo, la fruta dorada (*Virola sebifera*), el guácimo colorado, el tapabotija (*Apeiba aspera*) y la palma *Socratea durissima*.

La fauna silvestre es en general muy abundante, aunque poco estudiada hasta ahora; algunas de las especies en peligro de extinción aquí existentes son el manatí o vaca marina (*Trichechus manatus*), la danta (*Tapirus bairdii*), el puma (*Felis concolor*), el jaguar (*Felis onca*), el león breñero (*Felis yagouaroundi*) y el manigordo (*Felis pardalis*). Otras especies de mamíferos presentes son el cariblanco (*Tayassu pecari*), el tepezcuintle (*Agouti paca*), el cabro de monte (*Mazama americana*) —se observan a veces al borde de los canales—, el saíno (*Tayassu tajacu*), el zorro pelón (*Didelphis marsupialis*), el zorro cuatro ojos (*Philander opossum*), el perezoso de tres dedos (*Bradypus variegatus*) y los monos congo (*Alouatta palliata*) y cara blanca (*Cebus capucinus*).

Algunas de las especies de aves que se hallan en el refugio son el tucán pico iris o curré negro (*Ramphastos sulfuratus*), la lapa verde (*Ara ambigua*), el águila pescadora (*Pandion haliaetus*), la gallina de monte o gongolona (*Tinamus major*), el zambullidor enano (*Podiceps dominicus*), el pavón (*Crax rubra*), el cormorán neotropical (*Phalacrocorax olivaceus*), el pato aguja (*Anhinga anhinga*), la garza azul (*Ardea herodias*), la garza tricolor (*Egretta tricolor*), el ibis verde (*Mesembrinibus cayennensis*), el gavilán blanco (*Leucopternis albicollis*), el pato cantil (*Heliornis fulica*), la paloma morada (*Columba nigrirostris*) y la lora frentirroja (*Amazona autumnalis*).

Tres especies de reptiles presentes son la iguana (*Iguana iguana*), el caimán (*Caiman crocodylus*) —bastante abundante en los esteros y ríos— y el cocodrilo (*Crocodylus acutus*) —otra especie en vías de extinción en todo el país—. La ictiofauna en las lagunas, ríos y esteros es muy abundante y diversa; algunas de las especies más comunes son el pez gaspar (*Atractosteus tropicus*) —un fósil viviente que se asemeja a un cocodrilo y cuyo desove es un espectáculo extraordinario—, el roncador (*Pomadasys grandis*) —muy abundante durante todo el año—, el sábalo (*Megalops atlanticus*) —pez marino de enorme tamaño que se observa en grandes cardúmenes en ciertas épocas—, el guapote (*Cichlasoma dovii*), el róbalo (*Centropomus undecimalis*), el jurel (*Caranx hippos*), la macarela (*Scomberomorus maculatus*) y el pargo colorado (*Lutjanus jocu*).

Buena parte del refugio puede recorrerse utilizando el amplio sistema de ríos, canales y lagunas que lo cruzan, lo que permite observar la fauna que se encuentra en sus orillas, particularmente aves acuáticas, tortugas de río, monos y perezosos.

92,000 Ha.

THE refuge extends over a vast alluvial plain of recent origin that is dotted with outcroppings of volcanic rock. The entire region is subject to very heavy rainfall, about 6,000 mm. a year, and the refuge itself is a mosaic of swamp forests, swamp palm forests, and mixed forests.

The swamp forests differ considerably depending on small variations in the contour of the land. The predominant tree species that grow here are the bloodwood *(Pterocarpus officinalis)*, crabwood *(Carapa guianensis)*, wild tamarind *(Pentaclethra macroloba)*, provision tree *(Pachira aquatica)*, cativo *(Prioria copaifera)*, and holillo palm *(Raphia taedigera)*. The swamp palm forests are usually flooded all year round and are made up primarily of holillo and manicaria *(Manicaria saccifera)* palms, although in some places there are unmixed holillo groves. Other species that grow in this habitat are the wild tamarind, crabwood, sajo *(Campnosperma panamensis)*, Santa Maria *(Calophyllum brasiliense)*, haguey *(Grias fendleri)*, cotonron *(Luehea seemanii)*, wild fig *(Ficus sp.)*, *Amanoa potamophylla* and *Xylopia sericophylla*. The mixed forests grow above the swamps, especially on the hills of volcanic origin. Some of the species that grow here include the wild tamarind, which is very abundant, caivo, banak *(Virola sebifera)*, cotonron, monkey's comb *(Apeiba aspera)*, and the stilt palm *(Socratea durissima)*.

There is a wealth of wildlife, although few studies have been made so far. Some of the endangered species that live in the refuge are the West Indian manatee *(Trichechus manatus)*, tapir *(Tapirus bairdii)*, cougar *(Felis concolor)*, jaguar *(Felis onca)*, jaguarundi *(Felis yagouaroundi)*, and ocelot *(Felis pardalis)*. Other mammal species in the refuge include the white-lipped peccary *(Tayassu pecari)*, paca *(Agouti paca)*, red brocket deer *(Mazama americana)*, which can sometimes be seen at the edge of the channels, collared peccary *(Tayassu tajacu)*, southern opossum *(Didelphis marsupialis)*, gray four-eyed opossum *(Philander opossum)*, three-toed sloth *(Bradypus variegatus)*, howler monkey *(Alouatta palliata)* and white-faced capuchin monkey *(Cebus capucinus)*.

Some of the birds that live in the refuge are the keel-billed toucan *(Ramphastos sulfuratus)*, great green macaw *(Ara ambigua)*, osprey *(Pandion haliaetus)*, great tinamou *(Tinamus major)*, least grebe *(Podiceps dominicus)*, great curassow *(Crax rubra)*, Neotropic cormorant *(Phalacrocorax olivaceus)*, anhinga *(Anhinga anhinga)*, great blue heron *(Ardea herodias)*, tricolored heron *(Egretta tricolor)*, green ibis *(Mesembrinibus cayennensis)*, white hawk *(Leucopternis albicollis)*, sungrebe *(Heliornis fulica)*, short-billed pigeon *(Columba nigrirostris)*, and red-lored amazon *(Amazona autumnalis)*.

There are three species of reptile that live in the refuge: the iguana *(Iguana iguana)*, the caiman *(Caiman crocodylus)*, which has a large population in the estuaries and rivers, and the crocodile *(Crocoylus acutus)*, which is an endangered species throughout the country. There is a wealth and variety of fish in the lakes, rivers and estuaries. Some of the more prevalent species are the gar *(Atractosteus tropicus)*, which is considered to be a living fossil with the appearance of a crocodile and a spectacular spawning ritual, the tarpon *(Megalops atlanticus)*, a huge saltwater fish which can be seen in large schools at certain times during the year, the guapote *(Cichlasoma dovii)*, the Caribbean snook *(Centropomus undecimalis)*, mackerel *(Scomberomorus maculatus)* and snapper *(Lutjanus jocu)*.

Much of the refuge can be visited by navigating the vast network of rivers, channels and lakes that cross through it, making it easy to observe the wildlife that inhabits the banks and shores, especially waterfowl, river turtles, monkeys and sloths.

La biota de Colorado. A la izquierda, una garza (Egretta thula), abundante en las orillas de ríos y lagunas; a la derecha, arriba, un manigordo (Felis pardalis), excelente trepador y nadador; y a la derecha, abajo, aspecto del bosque mixto en el cerro Coronel.

The biota of Colorado. Left, a heron (Egretta thula), which is a very abundant species along the river banks and lake shores; above to the right, an ocelot (Felis pardalis), an excellent climber and swimmer; and below to the right, a view of the mixed forest on Coronel Peak.

El refugio es atravesado en su parte central por el río Colorado, principal brazo del río San Juan, que desagua el lago de Nicaragua.

The Colorado River crosses the central part of the refuge and forms the main arm of the San Juan River which flows into Lake Nicaragua.

Los charranes (Sterna hirundo) *son comunes cerca de la boca del río Colorado, donde prefieren posarse en troncos caídos en medio del río. La fotografía de la derecha muestra algunos de los hábitats que existen en el refugio, tales como ríos y lagunas, pastizales naturales y bosques mixtos.*

Common terns (Sterna hirundo) *are frequently seen close to the mouth of the Colorado River where they prefer to rest on tree trunks that have fallen into the river. The photograph to the right shows some of the habitats that exist in the refuge, such as rivers and lakes, natural grasslands, and mixed forest.*

Tortuguero

National Park

Un sistema navegable de lagunas y canales atraviesa el parque Tortuguero de sureste a noroeste y permite observar la gran diversidad biótica del área. En la fotografía, una sección del canal principal: al fondo, yolillales y las lomas de Sierpe; y a lo lejos, las cordilleras Central y de Talamanca.

A navigable network of lakes and channels crosses Tortuguero Park from the southeast to the northwest. This allows the great diversity of the fauna and flora of the region to be seen close at hand. In the photograph, a section of the main channel; in the background, holillo palms and the Sierpe Hills; and in the distance, the Central and Talamanca Mountain Ranges.

18.946 Ha.

ES el área más importante en toda la mitad occidental del Caribe para el desove de la tortuga verde *(Chelonia mydas)*. Otras especies de tortugas marinas que también anidan en la extensa playa del parque son la baula *(Dermochelys coriacea)* y la carey *(Eretmochelys imbricata)*. La tortuga verde es de mediano tamaño, con una longitud total de un metro, tiene aletas largas, puede llegar a pesar de 75 a 200 kg., y es principalmente herbívora en la madurez. Una característica de la especie es que forma grandes agregaciones para reproducirse en lugares normalmente muy distantes de las áreas de alimentación; una de estas áreas de reproducción y desove en masa es precisamente Tortuguero.

Geomorfológicamente, el parque está constituido por una amplia llanura de inundación formada por una coalescencia de deltas que rellenaron parte de la antigua fosa de Nicaragua, y que sólo está interrumpida al O. por los cerros de Sierpe, de 300 m. de altitud, que son parte de lo que queda de un pequeño archipiélago de origen volcánico que existió en la zona. La parte plana corresponde a aluviones del Cuaternario formados durante el último millón de años.

Tortuguero es una de las zonas más lluviosas del país —entre 5.000 y 6.000 mm. al año— y es una de las áreas silvestres de mayor diversidad biológica. Se han identificado 11 hábitats en el parque; los principales son vegetación litoral —con predominio de gramíneas, ciperáceas y cocoteros *(Cocos nucifera)*—, berma, bosques altos muy húmedos —donde se encuentran el cedro macho *(Carapa guianensis)*, el fruta dorada *(Virola* spp.) y el María *(Calophyllum brasiliense)*—, bosques sobre lomas —con la presencia de árboles como el gavilán *(Pentaclethra macroloba)*, el pilón *(Hieronyma alchorneoides)* y el javillo negro *(Alchornea latifolia)*—, bosques pantanosos —con predominio de gavilán, cativo *(Prioria copaifera)* y las palmas chontadura *(Astrocaryum standleyanum)* y maquenque *(Socratea durissima)*—, yolillales —formados casi exclusivamente por la palma yolillo *(Raphia taedigera)*—, pantanos herbáceos —constituidos por plantas herbáceas de hasta 2 m. de altura, como la palma suita *(Asterogyne martiana)* y la hoja de lapa *(Cyclanthus* sp.), —y comunidades herbáceas sobre lagunas —con vegetación flotante formadas principalmente por la choreja o lirio de agua *(Eichhornia crassipes)*, el helecho *Salvinia sprucei* y el *Hidrocotile mexicana*—. La choreja forma a veces masas tan compactas que pueden impedir la navegación.

La fauna es rica y diversa; son particularmente abundantes los monos, los anuros —de los cuales se han observado 60 especies—, las aves —de las cuales se conocen 309 especies— y los peces. Algunas de las especies de mamíferos presentes son la danta *(Tapirus bairdii)*, el jaguar *(Felis onca)*, el manigordo *(Felis pardalis)*, la martilla *(Potos flavus)*, el saíno *(Tayassu tajacu)*, la nutria *(Lutra longicaudus)*, el tolomuco *(Eira barbara)*, el olingo *(Bassaricyon gabbii)*, el perezoso de tres dedos *(Bradypus variegatus)*, el grisón *(Galictis vittata)*, el tepezcuintle *(Agouti paca)* y los monos carablanca *(Cebus capucinus)*, colorado *(Ateles geoffroyi)* y congo *(Alouatta palliata)*. Una especie interesante de mamífero que se observa en las lagunas es el murciélago pescador *(Noctilio leporinus)*, uno de los más grandes del país, que se alimenta de peces que captura con sus fuertes patas y uñas cuando vuela sobre la superficie del agua.

Algunos de los anuros existentes son la rana ternero *(Leptodactylus pentadactylus)* —muy abundante a la orilla de las quebradas—, la ranita de vidrio reticulada *(Centrolenella valerioi)* —cuyos órganos internos se ven a través de su piel, que es transparente—, el sapito rojo *(Dendrobates pumilio)* —cuya piel es tóxica—, la *Hyla elaeochroa*, la *H. boulengeri*, la *Smilisca puma* y la *Agalychnis calcarifer*. Algunas de las aves presentes son la lapa verde *(Ara ambigua)*, el pavón *(Crax rubra)*, el zopilote cabecirrojo *(Cathartes aura)*, el gavilán cangrejero *(Buteogallus anthracinus)*, el colibrí nuquiblanca *(Florisuga mellivora)*, el trogón violáceo *(Trogon violaceus)* y la oropéndola de Montezuma *(Psarocolius montezuma)*.

Un sistema natural de canales y lagunas navegables de gran belleza escénica cruzan el parque de SE. a NO., y son el hábitat de 7 especies de tortugas terrestres —las cuales se observan posadas sobre troncos en medio del agua o en las islas de vegetación flotante—, del manatí o vaca marina *(Trichechus manatus)* —una de las especies caribeñas más amenazadas de extinción—, del cocodrilo *(Crocodylus acutus)*, de gran diversidad de crustáceos, y de unas 30 especies de peces de agua dulce —incluyendo el gaspar *(Atractosteus tropicus)*, considerado como un fósil viviente —la anguila *(Ophichthus* sp.) y el tiburón toro *(Carcharhinus leucas)* —que puede crecer hasta 3 m.—. Adicionalmente, estos canales permiten estudiar diversas especies de aves acuáticas.

18,946 Ha.

TORTUGUERO is the most important nesting site in the western half of the Caribbean for the green turtle *(Chelonia mydas)*. Other species of sea turtles that also nest along the park's long stretch of beach are the leatherback *(Dermochelys coriacea)* and hawksbill *(Eretmochelys imbricata)*. The green turtle is a medium-sized turtle with long fins that grows to one meter in length and can weigh from 75 to 200 kg. When it matures, it is mainly an herbivorous animal. One trait that is characteristic of these turtles is that they band together in huge groups to mate in places that are quite far from their usual feeding grounds.

The geomorphology of the park consists of a vast alluvial floodplain formed by a coalescence of deltas which filled part of the ancient Nicaraguan trench. The alluvial plain is only broken in the west by the Sierpe Peaks, which rise 300 meters high and which are part of the remains of a small archipelago of volcanic origin that once existed in the area. The flatlands correspond to Quaternary alluvial deposits formed during the last million years.

Tortuguero is one of the regions with the heaviest rainfall in the country (between 5,000-6,000 mm. a year) and it is one of the wilderness areas with the greatest biological variety. To date, 11 habitats have been identified in the park. The most important are littoral woodland where gramineous and cyperaceous plants and coconut palms *(Cocos nucifera)* are predominant, berm, high rain forest where crabwood *(Carapa guianensis)*, banak *(Virola* spp.), and Santa Maria *(Calophyllum brasiliense)* grow; slope forest made up of trees such as the wild tamarind *(Pentaclethra macroloba)*, bully tree *(Hieronyma alchorneoides)* and dove wood *(Alchornea latifolia)*; swamp forest with a predominance of wild tamarind, cativo *(Prioria copaifera)*, black palm *(Astrocaryum standleyanum)* and stilt palm *(Socratea durissima)*; holillo forest composed almost exclusively of the holillo palm *(Raphia taedigera)*; herbaceous swamp which is made up of herbaceous plants that grow as high as 2 meters, such as the suita palm *(Asterogyne martiana)* and portorrico *(Cyclanthus* sp.); and herbaceous marsh communities with floating aquatic plants, mainly the water hyacinth *(Eichhornia crassipes)*, the *Salvinia sprucei* fern and the *Hidrocotile mexicana*. The water hyacinths grow so thickly in places that they can make it impossible for a boat to get through.

There is an abundance and variety of wildlife, especially with regard to monkeys, fish, anurans (with 60 species identified to date) and birds (with 309 species recorded). Some of the mammals that make their home in the park are the tapir *(Tapirus bairdii)*, jaguar *(Felis onca)*, ocelot *(Felis pardalis)*, kinkajou *(Potos flavus)*, collared peccary *(Tayassu tajacu)*, Neotropical river otter *(Lutra longicaudus)*, tayra *(Eira barbara)*, olingo *(Bassaricyon gabbii)*, three-toed sloth *(Bradypus variegatus)*, grison *(Galictis vittata)*, paca *(Agouti paca)*, white-faced monkey *(Cebus capucinus)*, spider monkey *(Ateles geoffroyi)*, and howler monkey *(Alouatta palliata)*. An interesting mammal species seen in the swamps is the fishing bulldog bat *(Noctilio leporinus)*, which is one of the largest in the country.

Some of the anurans that live in the park are the smoky frog *(Leptodactylus pentadactylus)*, which is very numerous on the banks of the park's streams, glass frog *(Centrolenella valerioi)* which displays its internal organs behind its transparent skin, poison dart frog *(Dendrobates pumilio)* whose skin is poisonous, *Hyla elaeochroa, H. boulengeri, Smilisca puma* and *Agalychnis calcarifer.* Among the birds that are protected by the park are the great green macaw *(Ara ambigua)*, great curassow *(Crax rubra)*, turkey vulture *(Cathartes aura)*, common black-hawk *(Buteogallus anthracinus)*, white-necked jacobin *(Florisuga mellivora)*, violaceous trogon *(Trogon violaceus)*, and Montezuma oropendola *(Psarocolius montezuma)*. During certain times of the year, spectacular migrations of birds that nest in North America can be seen from the coast.

A natural network of scenic and navigable waterways crosses the park from southeast to northwest. These channels and marshes are the habitat of 7 species of land turtles which can be seen sunning themselves on logs in the middle of the water or on the islands of floating vegetation. They also shelter the West Indian manatee *(Trichechus manatus)*, one of the most endangered Caribbean species, crocodiles *(Crocodylus acutus)*, a great variety of crustaceans, and about 30 species of freshwater fish, including the gar *(Atractosteus tropicus)*, considered to be a living fossil, eel *(Ophichthus* sp.), and bull shark *(Carcharhinus leucas)* which can grow up to 3 meters long. These waterways also provide excellent observation posts for different species of waterfowl.

Se han identificado 11 hábitats en Tortuguero. La fotografía aérea de la derecha permite distinguir algunos de ellos, como lagunas, bosque pantanoso y yolillal. Abajo, una serpiente bejuquilla (Imantodes *spp.*) sobre una planta de Costus laevigatus.

11 habitats have been identified in Tortuguero. Some, such as lakes, swamp forest and holillo forest, can be seen in the aerial photograph, to the right. Below, a snake of the Imantodes *species on* a Costus laevigatus *plant.*

Tortuguero es el área más importante que existe en la mitad occidental del Caribe para el desove de la tortuga verde (Chelonia mydas). Se ha podido comprobar que las tortugas que aquí anidan se desplazan luego por el norte hasta Florida y por el sur hasta Trinidad.

Tortuguero is the most important nesting site in the western half of the Caribbean for the Pacific green turtle (Chelonia mydas). Scientists have been able to determine that the turtles that nest in the park later swim north to Florida and then south to Trinidad.

Las fotografías muestran una secuencia relacionada con la postura de huevos por una tortuga marina. A la izquierda, una tortuga verde sale del mar para desovar; al lado, arriba, una tortuga construyendo su nido; en el centro la postura; abajo, dos tortuguitas de pocos días (la de la derecha es albina).

The photographs show a sequence related to the nesting process of a sea turtle. Left, a green turtle leaves the sea to lay its eggs; alongside and above, a turtle building its nest; in the center, the egg-laying position; and below, two baby turtles just a few days old, the one on the right, an albino.

Un recorrido por el sistema de ríos, canales y lagunas es el mejor medio para estudiar la vegetación del parque. En la foto, al fondo, palmas yolillo (Raphia taedigera) y, en primer plano, vegetación epífita.

A boat trip through this network of rivers, channels and lakes is the best way to study the vegetation of the park. In the background of the photograph, holillo palms (Raphia taedigera), and in the foreground, epiphytic plants.

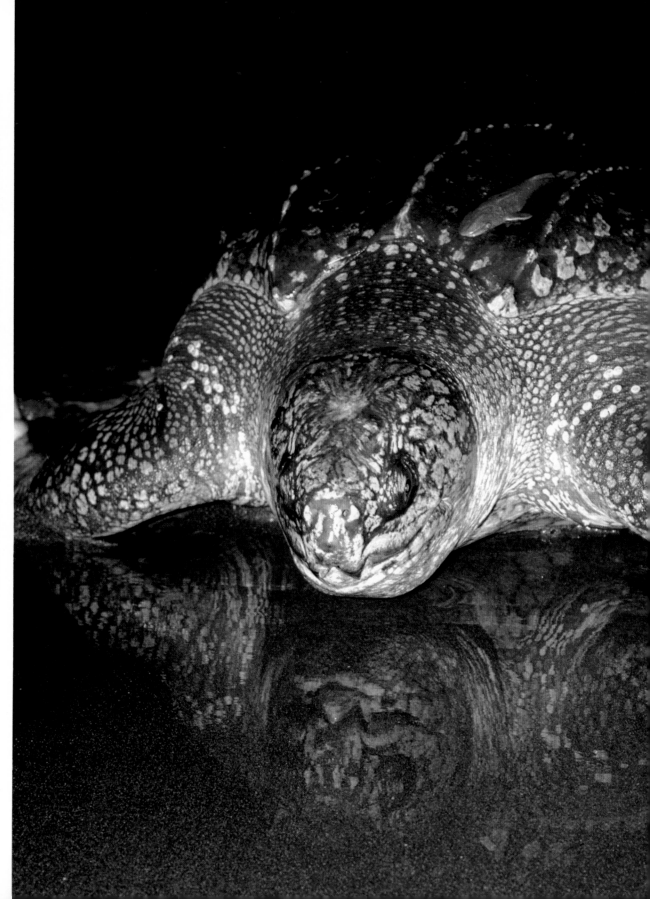

Fauna terrestre y marina de Tortuguero. A la izquierda, la rana arborícola Agalychnis callidryas. A la derecha, tortuga baula (Dermochelys coriacea), que también anida en el parque.

Land and sea life at Tortuguero. Left, an Agalychnis callidryas tree frog. Right, a leatherback turtle (Dermochelys coriacea) which also nests in the park.

Geomorfológicamente, toda la región en que está localizado el parque Tortuguero está constituida por una amplia llanura de inundación, formada por una coalescencia de deltas que rellenaron la zona durante el último millón de años.

The geomorphology of the entire region where Tortuguero National Park is located consists of a vast floodplain formed by the coalescence of deltas that over the past million years covered the zone with their deposits.

Parque Nacional

Cahuita

National Park

El parque Cahuita posee el único arrecife de coral bien desarrollado del litoral caribeño de Costa Rica. Este arrecife se extiende en forma de abanico frente a punta Cahuita y mide unas 240 Ha. En la fotografía se muestra un aglomerado de corales de cuernos de alce (Acropora palmata) que, junto con los corales cerebriformes, son las especies más conspicuas del arrecife.

Cahuita National Park features the only mature coral reef on the Caribbean coast of Costa Rica. This reef spreads out like a fan off Cahuita Point and measures about 240 hectares. In the photograph, a group of elkhorn coral (Acropora palmata) which, together with the smooth brain corals, are the most prevalent species on the reef.

1.067 Ha.

ES una de las áreas de mayor belleza escénica del país. El principal atractivo lo constituyen sus playas de arena blancuzca, sus miles de cocoteros, su mar calmo de color claro, y su arrecife de coral.

Este arrecife, que se extiende en forma de abanico frente a punta Cahuita, entre el río Perezoso y Puerto Vargas, es el único bien desarrollado en la costa caribeña de Costa Rica; es de tipo marginal y tiene una superficie de unas 240 Ha. Está constituido por una especie de gran plataforma submarina formada por una cresta externa y una especie de laguna interna, y está compuesto por ripio de coral viejo, arena al descubierto, parches de coral vivo y praderas submarinas de pasto de tortuga *(Thalassia testudinum)*. Este pasto constituye un importante alimento para las tortugas verdes y para muchas especies de peces y moluscos.

Lo que más llama la atención al naturalista que buceando recorre este jardín submarino, son los corales —como los de cuernos de alce *(Acropora palmata)* y los cerebriformes *(Diploria strigosa, D. clivosa* y *Colpophyllia natans)*—, los abanicos de mar *(Gorgonia flabellum)*, los erizos e infinidad de peces de colores y tamaños muy variados. Otras especies comunes de corales presentes son el *Siderastrea siderea,* que se asemeja a una bola grande; los *Millepora alcicornis* y *M. complanata,* que son urticantes; el *Porites divaricata,* que tiene forma de dedos pequeños; el *Porites astreoides,* que tiene forma de montículo de color mostaza; el *Montastraea cavernosa,* de gran tamaño y de color verduzco; y el *Porites porites,* que asemeja un racimo de dedos.

Algunos de los peces más bellos del arrecife son el ángel reina *(Holacanthus ciliaris)* —de cuerpo celeste con manchitas amarillas y cabeza y cola amarillas—, el pez ángel francés *(Pomacanthus paru)* —de color negro con manchitas amarillas—, el isabelita *(Holacanthus tricolor)* —de cuerpo negro y de cabeza, cola y bordes amarillo rojizos—, y el loro azul *(Scarus coeruleus)* —todo de color azul, a veces con manchas amarillas—. Otros peces presentes son la gran barracuda *(Sphyraena barracuda),* la pequeña raya *Narcine brasiliensis* y la rémora *(Remora remora),* además de 3 especies de tiburones y 6 de morenas. Dos de los erizos más comunes son el rojo *(Tripneustes esculentus)* —abundante en sustratos arenosos— y el de espinas largas *(Diadema antillarum)* —que se alimenta principalmente de algas—. Otras especies existentes son el pepino de mar *(Holothuria* sp.), la langosta *(Panulirus* sp.), la esponja, el camarón blanco *(Penaeus* sp.), la tortuga verde *(Chelonia mydas)* y el crustáceo *Alpheus simus* —que perfora roca calcárea—. Hasta ahora en el arrecife de Cahuita se han identificado 35 especies de corales, 140 de moluscos, 44 de crustáceos, 128 de algas, 3 de fanerógamas halófilas y 123 de peces de agua dulce y salada.

La mayor parte de la punta Cahuita está constituida por un pantano. Otros hábitats presentes son el bosque mixto no inundado, el manglar —con predominio del mangle colorado *(Rhizophora mangle)*— y la vegetación litoral —con abundancia de cocoteros *(Cocos nucifera)* y papaturros *(Coccoloba uvifera)*—. Las principales especies de árboles que hay en el pantano son el cativo *(Prioria copaifera),* el sangregao *(Pterocarpus officinalis),* el fruta dorada *(Virola sebifera)* y el canfín *(Tetragastris panamensis).*

La fauna es variada; son comunes los monos congo *(Alouatta palliata),* los mapachines *(Procyon lotor)* y los pizotes *(Nasua nasua),* al igual que varias especies de aves de bosque pantanoso, como el ibis verde *(Mesembrinibus cayennensis),* el martín pescador verdirrojizo *(Chloroceryle inda),* la garza nocturna *(Nyctanassa violacea)* y el chocuaco *(Cochlearius cochlearius).* Los cangrejos son también muy abundantes; se han identificado 4 especies, a saber, el ermitaño terrestre *(Coenobita clypeatus)* —que vive en el bosque y a orillas del mar—, el negro *(Gecarcinus lateralis)* —de color rojo oscuro—, el blanco *(Cardisoma quanhumi)* —de color gris azulado— y el pagurus *(Ucides cordatus)* —que se localiza cerca de aguas estancadas—. En las playas arenosas se han encontrado diversos organismos tales como poliquetos, decápodos, gastrópodos e isópodos.

El recurso cultural más importante del parque son los restos de un barco para el comercio de esclavos que naufragó durante la segunda mitad del siglo XVIII, que se encuentran al N. de la desembocadura del río Perezoso.

El problema ambiental más grave que presenta el arrecife de Cahuita es la sedimentación provocada por el río La Estrella; se ha demostrado que los sedimentos están afectando tanto a los corales individuales como a toda la comunidad coralina.

1,067 Ha.

CAHUITA is one of the most beautiful regions in the country. Its main attraction is a picture postcard reality of white sandy beaches, thousands of swaying palm trees, a calm sea of crystal-clear waters and a coral reef.

This reef stretches out like a fan in front of Cahuita Point between the Perezoso River and Vargas Harbor. It is the only mature reef on the Caribbean coast of Costa Rica. It is a marginal kind of reef and grows over 240 Ha. It is made up of an underwater platform which is formed by an external ridge and a kind of inner lagoon. The reef is composed of ancient coral debris, sandy patches, stands of live coral and underwater prairies of turtle grass *(Thalassia testudinum)*. This grass is an important foodstuff for the green turtle and for many species of fish and mollusks, and it also provides a hiding place for sea urchins and sea snails.

Some of the more remarkable features that attract the attention of the naturalist who dives through this underwater garden are the different kinds of coral, such as the elkhorn *(Acropora palmata)* and smooth brain corals *(Diploria strigosa, D. clivosa* and *Colpophyllia natans)*, Venus sea fans *(Gorgonia flabellum)*, sea urchins and an infinite number of brightly colored fish of all sizes. Other species that are frequently seen among the coral formations are *Siderastrea siderea* which looks like a huge ball, *Millepora alcicornis* and *M. complanata* which cause urticaria on contact, *Porites divaricata* which looks like small fingers, *Porites astreoides* which is shaped like a mound that is mustard-yellow in color and *Montastraea cavernosa* which is very large and greenish.

Some of the most beautiful fish on the reef are the queen angelfish *(Holacanthus ciliaris)* with a light blue body, yellow spots and a yellow head and tail; French angelfish *(Pomacanthus paru)* which is black with little yellow spots; rock beauty *(Holacanthus tricolor)* which has a black body with reddish-yellow edges, head and tail; and blue parrotfish *(Scarus coeruleus)* which is completely blue, occasionally with yellow spots. Other fish that live in the reef waters are the great barracuda *(Sphyraena barracuda)*, little stingray *(Narcine brasiliensis)*, and remora *(Remora remora)*, together with 3 species of sharks and 6 of moray eels. Two of the most prevalent sea urchins are the red urchin *(Tripneustes esculentus)* which is very numerous in the sandy strata, and the long-spined black urchin *(Diadema antillarum)* which mainly feeds on seaweed. Other reef species include the sea cucumber *(Holothuria* sp.), lobster *(Panulirus* sp.), sponge, white shrimp *(Penaeus* sp.), green turtle *(Chelonia mydas)* and the *Alpheus simus* crustacean which drills through limestone. To date, 35 species of corals, 140 of mollusks, 44 of crustaceans, 128 of seaweed, 3 of halophilous phanerophytes, and 123 of fresh and saltwater fish have been identified in Cahuita.

Most of Cahuita Point is made up of swampland. Other habitats include unflooded mixed forest, mangrove swamp with a predominance of red mangrove *(Rhizophora mangle)*, and littoral woodland with a thick growth of coconut palm trees *(Cocos nucifera)* and an abundance of sea grapes *(Coccoloba uvifera)*. The main tree species in the swamp are the cativo *(Prioria copaifera)*, bloodwood *(Pterocarpus officinalis)*, banak *(Virola sebifera)*, and copal *(Tetragastris panamensis)*, a specie that has a very aromatic resin.

There is a variety of wildlife. Among the frequently seen animals are the howler monkey *(Alouatta palliata)*, common raccoon *(Procyon lotor)*, and white-nosed coati *(Nasua nasua)*, together with several species of swamp forest birds such as the green ibis *(Mesembrinibus cayennensis)*, green-and-rufous kingfisher *(Chloroceryle inda)*, yellow-crowned night-heron *(Nyctanassa violacea)*, and northern boat-billed heron *(Cochlearius cochlearius)*. Crabs are also very numerous. The 4 species which have been identified are the land hermit crab *(Coenobita clypeatus)* which lives in the forest and on the seashore; black land crab *(Gecarcinus lateralis)* which is dark red; white land crab *(Cardisoma quanhumi)* which is bluish white; and wide red land crab *(Ucides cordatus)* which lives near still waters.

The remains of a slave ship that sank during the second half of the 18th century comprise the most valuable cultural feature in the park. The shipwreck can be seen at the mouth of the Perezoso River.

The most serious environmental problem facing the Cahuita reef is the accumulation of sedimentary deposits made by the La Estrella River. It has been demonstrated that the sediments are affecting both individual coral formations and the coral community as a whole.

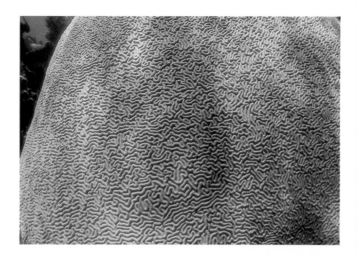

En Cahuita se han identificado 35
especies de corales duros. Entre
los más sobresalientes por su
característica forma están los
cerebriformes, que pueden
alcanzar hasta 2 m. de diámetro.

35 species of hard coral have
been identified in Cahuita.
Among the most unusual,
because of their characteristic
shape, are the smooth brain
corals which can grow up to 2
meters in diameter.

Los peces de Cahuita presentan gran diversidad de formas, colores y tamaños. En las fotografías se observan las siguientes especies: en la página izquierda, el pez ángel reina (Holacanthus ciliaris); en esta página, a la izquierda, Priacanthus arenatus; abajo, izquierda, Bothus lunatus; y abajo, derecha, Lactophrys triqueter.

The species of fish in Cahuita display a great variety of shapes, colors and sizes. In the photographs, the following species can be seen: on the left-hand page, the queen angelfish (Holacanthus ciliaris); on this page to the left, the Priacanthus arenatus; below, left, the Bothus lunatus; and below, right, the Lactophrys triqueter.

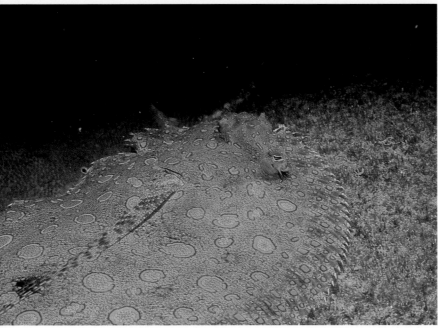

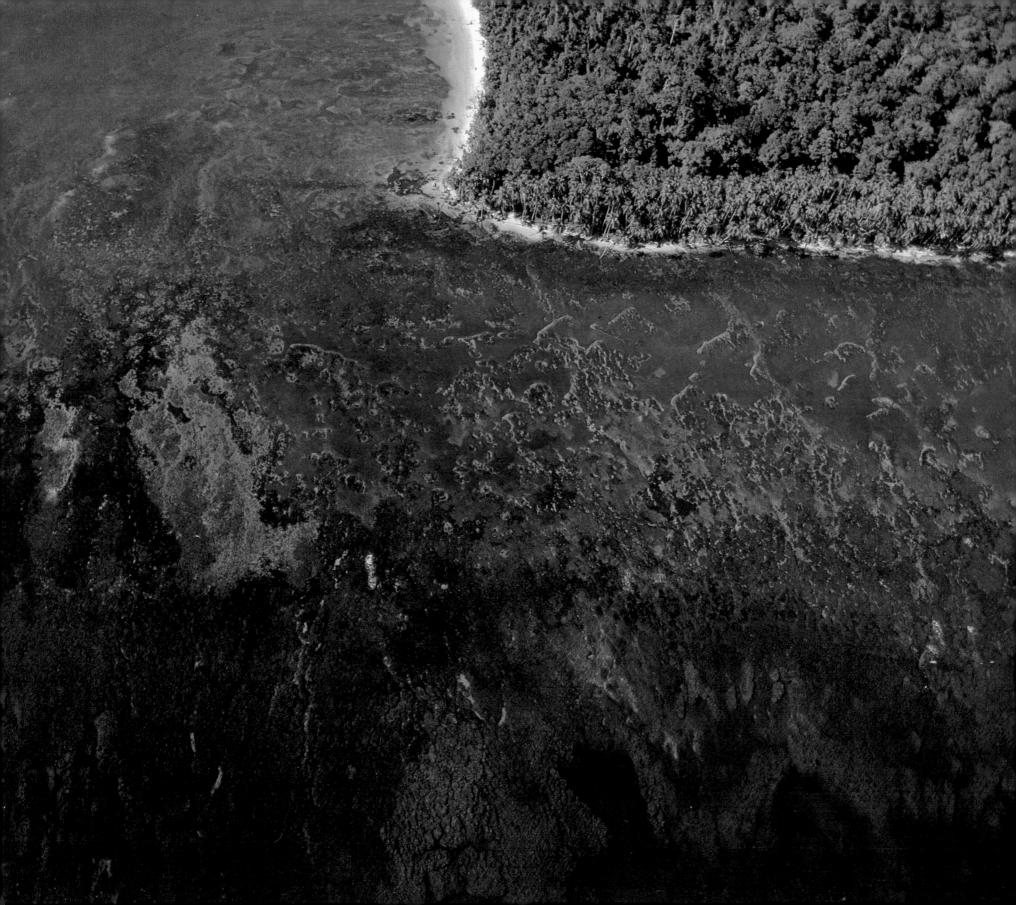

Las mariposas caligo (Caligo spp.) son particularmente atractivas por su gran tamaño y por los bellos diseños de sus alas. Las playas de arena blancuzca y suave oleaje, bordeadas por miles de cocoteros (Cocos nucifera), constituyen el principal atractivo del parque. Además, es muy agradable para el visitante poder observar, desde la playa misma, perezosos y muchas especies de aves.

Butterflies of the Caligo species are especially beautiful because of their large size and the lovely designs on their wings. The white, sandy beaches with their gently curling waves, fringed by thousands of coconut palm trees, are one of the main attractions of the park. In addition, the visitor can enjoy watching sloths and many species of birds from the beach itself.

La punta Cahuita (izquierda), está cubierta por un bosque pantanoso que se halla inundado permanentemente. La especie dominante aquí es el sangrillo (Pterocarpus officinalis). El cocotero (Cocos nucifera), a la derecha, es la especie dominante en el cordón arenoso que se encuentra entre la playa y el bosque pantanoso o el bosque mixto.

Cahuita Point (left) is covered with a swamp forest that is permanently inundated. The predominant species here is the bloodwood (Pterocarpus officinalis). The coconut palm (Cocos nucifera), to the right, is the predominant species that grows in the sandy belt that lies between the beach and the swamp or mixed forest.

Refugio Nacional de Vida Silvestre

Gandoca-Manzanillo

National Wildlife Refuge

El refugio Gandoca-Manzanillo constituye sin duda una de las áreas costeras de mayor belleza escénica del país. Playas de arena clara bordeadas de cocoteros (Cocos nucifera) y un mar de suave oleaje, con corales a poca profundidad, contribuyen a hacer de esta área un paraíso para los amantes de la naturaleza y del reino de Neptuno.

Gandoca-Manzanillo National Wildlife Refuge is, without a doubt, one of the coastal regions with the most magnificent scenic beauty in the country. Beaches of dazzling white sand fringed with coconut palm trees (Cocos nucifera), and a sea of gently curling waves and of coral formations in shallow waters, make this wilderness area a paradise for lovers of Nature and for explorers of Neptune's kingdom.

5.013 Ha. (porción terrestre); 4.436 Ha. (porción marina).

CONSTITUYE una de las áreas de mayor belleza escénica del país. La costa del refugio está formada por varias puntas entre las cuales existen playas de arenas blancuzcas, de poco oleaje y pendientes suaves, bordeadas por infinidad de cocoteros y con arrecifes coralinos que se extienden hasta 200 m. mar adentro.

Los arrecifes al frente de las puntas Uva, Manzanillo y Mona miden en conjunto 5 kilómetros cuadrados, y están formados principalmente por los corales *Siderastrea siderea, S. radians, Diploria clivosa, D. strigosa, Isophyllastres rigida, Mycetophyllia lamarckiana, Agaricia agaricites, A. fragilis, Acropora cervicornis* y *Porites astreoides.* Los octocoralarios son muy abundantes; algunas de las especies presentes son el *Briareum asbestinum,* el *Muriceopsis flavida* y el *M. sulphurca.* Algunos peces de los arrecifes son muy conspicuos por sus bellísimos colores; entre éstos se encuentran el pez ángel reina *(Holacanthus ciliaris)* —con cuerpo celeste con manchitas amarillas y cabeza y cola amarillas—, el pez ángel francés *(Pomacanthus paru)* —de color negro con manchitas amarillas—, el pez loro azul *(Scarus coeruleus)* —normalmente todo de color azul, a veces con manchas amarillas—, y el *Chaetodon ocellatus* —que presenta una banda negra que le atraviesa toda la cabeza de arriba a abajo.

Otras especies existentes en los arrecifes son las langostas *(Panulirus argus),* las esponjas, los erizos rojos *(Tripneustes ventricosus)* y los de espinas largas *(Diadema antillarum)* —muy abundantes—, la anémona *Stoichactis helianthus* —de color verde—, los hidrozoos *Stylaster roseus* y *Solandaria gracilis* —que se encuentran en las grietas y debajo de los corales—, los abanicos de mar *(Gorgonia ventalina),* los pepinos de mar *(Holothuria* sp.), los camarones *(Penaeus* sp.) y, ocasionalmente, tortugas verdes *(Chelonia mydas).* Una planta bastante abundante por todo el área es el pasto de tortuga *(Thalassia testudinum),* que forma praderas de poca profundidad y que constituye un alimento para algunos peces, moluscos y caracoles, y un hospedero para algunas algas.

La mayor parte del área del refugio, que es plana o de colinas de no más de 100 m. de elevación, está cubierta de bosques, y el resto de pastizales y cultivos. Al S. de las puntas Manzanillo y Mona existe un pantano de unas 400 Ha. constituido por un bosque muy denso formado básicamente por la palma yolillo *(Raphia taedigera)* y por el árbol orey *(Campnosperma panamensis).* Una de las especies más sobresalientes en los bosques del área es el cativo *(Prioria copaifera).* La vegetación de playa está formada principalmente por el cocotero *(Cocos nucifera)* y el papaturro o uva de playa *(Coccoloba uvifera).* Una especie muy abundante en el sotobosque y en las áreas abiertas es el platanillo o heliconia *(Heliconia* spp.), planta que alcanza unos 2 m. de alto y que presenta muy conspicuas y bellas inflorescencias, con brácteas de muy vivos colores, principalmente rojo y amarillo.

Al SE. del refugio se localiza el estero de Gandoca, constituido principalmente por el mangle rojo *(Rhizophora mangle);* en este lugar, existe un banco de ostiones *(Crassostrea rhizophorae),* desova el pez sábalo *(Megalops atlanticus)* y se pueden observar manatíes *(Trichechus manatus)* —especie en grave peligro de extinción en el país.

El refugio protege diversas especies de animales tales como el cocodrilo *(Crocodylus acutus)* y la danta *(Tapirus bairdii)* —que están en peligro de extinción—, el caimán *(Caiman crocodylus)* y el tepezcuintle *(Agouti paca).* Algunas de las aves existentes en el área son el gran curré negro *(Ramphastos swainsonii),* el aguilucho *(Spizaetus ornatus),* la lora frentirroja *(Amazona autumnalis),* el saltarín cabecirrojo o sargento *(Pipra mentalis),* el perico aliamarillo *(Pyrrhura hoffmanni),* el momoto piquiancho *(Electron platyrhynchum),* el cusingo o tucancillo collarejo *(Pteroglossus torquatus)* y el carpintero lineado *(Dryocopus lineatus).*

Un rasgo geomorfológico interesante es una especie de meseta formada por coral viejo, que se levanta hasta unos 30 m. de altura, en punta Mona.

5,013 Ha. (land sector); 4,436 Ha. (ocean sector).

THE refuge is located on the Caribbean in one of Costa Rica's most scenic regions. The coast is shaped by a chain of headlands set between white sandy beaches with smooth slopes into gently lapping water. The beaches are fringed by innumerable coconut palm trees and surrounded by coral reefs that extend 200 meters off shore.

The coral reefs in front of Uva, Manzanillo and Mona Points measure 5 square kilometers all together and are composed primarily of the following coral species: *Siderastrea siderea, S. radians, Diploria clivosa, D. strigosa, Isophyllastres rigida, Mycetophyllia lamarckiana, Agaricia agaricites, A. fragilis, Acropora cervicornis* and *Porites astreoides.* Among the very abundant octocorals are the *Briareum asbestinum, Muriceopsis flavida* and *M. sulphurca* corals. Some of the fish are unusually attractive because of their brilliant colors. These include the queen angelfish *(Holacanthus ciliaris),* with a light blue body covered with yellow spots and a yellow head and tail, French angelfish *(Pomacanthus paru),* which is black with yellow spots, blue parrotfish *(Scarus coeruleus)* which is usually completely blue, although it can also have yellow spots, and *Chaetodon ocellatus* which has a black stripe running down its face.

Other species that thrive in the reefs are lobster *(Panulirus argus),* sponges, red urchin *(Tripneustes ventricosus),* long-spined black urchin *(Diadema antillarum)* which is very numerous, sun anemone *(Stoichactis helianthus)* which is green, *Stylaster roseus* and *Solandaria gracilis* hydroids which can be found in cracks and under the reefs, Venus sea fans *(Gorgonia ventalina),* sea cucumbers *(Holothuria* sp.), white shrimp *(Penaeus* sp.) and sometimes Pacific green turtles *(Chelonia mydas).* A fairly common plant that grows throughout the reef area is turtle grass *(Thalassia testudinum).* It forms an underwater grassland that is not very deep and that is host to several kinds of seaweed, and food for some fish, mollusks and sea snails.

Most of the refuge, which is flat or gently rolling with small hills no higher that 100 meters, is covered with forest, and the rest with grasslands and some farms. To the south of Manzanillo and Mona Points there is a very thick forest composed primarily of holillo palm *(Raphia taedigera)* and sajo *(Campnosperma panamensis).* One of the most prevalent species in the forests of the refuge is the cativo *(Prioria copaifera).* The littoral woodland is mainly made up of coconut palm *(Cocos nucifera)* and sea grape *(Coccoloba uvifera).* A very abundant species in the understorey and in clearings is the heliconia *(Heliconia* spp.), a plant that grows 2 meters tall and has very conspicuous and beautiful inflorescences with brightly colored bractlets that are usually red and yellow.

To the southeast of the refuge lies the Gandoca estuary which is made up almost exclusively of red mangrove *(Rhizophora mangle).* It protects a bank of oysters *(Crassostrea rhizophorae)* and is a spawning site for the Atlantic tarpon *(Megalops atlanticus).* West Indian manatees *(Trichechus manatus),* which are an endangered species, can also be seen here.

The refuge protects several species of animals that are in danger of extinction such as the crocodile *(Crocodylus acutus)* and the tapir *(Tapirus bairdii),* together with the caiman *(Caiman crocodylus)* and the paca *(Agouti paca).* Some of the birds that live in the refuge are the crested-mandibled toucan *(Ramphastos swainsonii),* ornate hawk-eagle *(Spizaetus ornatus),* red-lored amazon *(Amazona autumnalis),* red-capped manakin *(Pipra mentalis),* sulphur-winged parakeet *(Pyrrhura hoffmanni),* broad-billed motmot *(Electron platyrhynchum),* collared aracari *(Pteroglossus torquatus),* and lineated woodpecker *(Dryocopus lineatus).*

An interesting geomorphological feature to be seen at Mona Point is a kind of plateau formed by old coral reefs that stand 30 meters high.

Antes de desembocar directamente en la playa, algunas quebradas forman lagunetas en las que se puede observar la vegetación ribereña.

Before flowing directly into the sea, several streams form small lakes where riparian vegetation can be seen.

En la página siguiente, la punta Uva, uno de los varios promontorios que conforman la geografía del refugio. Frente a ella se extienden arrecifes de coral.

On the right-hand page, Uva Point, one of the several promontories that shape the contour of the land in the refuge. Coral reefs fan out in front of it.

260

Dos sapos venenosos de la especie Dendrobates pumilio *en despliegues de cortejo. La herpetofauna de Gandoca-Manzanillo, al igual que toda su biota, es prácticamente desconocida.*

Two poisonous frogs of the Dendrobates pumilio *species during their courting ritual. As with all the fauna and flora of the refuge, the reptiles and amphibians that live in Gandoca-Manzanillo are barely known.*

Las heliconias son plantas herbáceas muy abundantes en el sotobosque y en áreas abiertas. En la fotografía, Heliconia wagneriana, *una especie muy utilizada como planta ornamental.*

Heliconias are herbaceous plants that are very abundant in the understorey and in forest clearings. In the photograph, Heliconia wagneriana, *a species that is frequently used for decoration.*

262

El tucán pico iris o curré negro (Ramphastos sulfuratus) *se halla en la vertiente caribeña de Costa Rica. Vive exclusivamente en el bosque, se desplaza en pequeños grupos y es bastante ruidoso.*

The keel-billed toucan (Ramphastos sulfuratus) *can be found on the Caribbean side of Costa Rica. It lives exclusively in the forest; it flies in small flocks; and it is very noisy.*

Bibliografía
Bibliography

1. ACUÑA, EMILIO; GARCIA, MIGUEL y MEZA, ALEJANDRO (1983): *Estudio de la vegetación en bosque seco tropical; Parque Nacional Palo Verde.* Cartago, Instituto Tecnológico de Costa Rica. 117 p. (Informe de práctica de especialidad).

2. AGUILAR, CARLOS H. (1972): *Guayabo de Turrialba; arqueología de un sitio indígena prehispánico.* San José, Editorial Costa Rica. 192 p.

3. AGUILAR, CARLOS H. (1974): *Un monolito zoomorfo en el Parque Arqueológico de Guayabo de Turrialba.* Instituto Geográfico Nacional. Informe Semestral julio-diciembre, p. 23-29.

4. ALBERTIN, WALDEMAR (1962): *The Southern tip of the Nicoya Peninsula in Costa Rica.* Turrialba, Inter-American Institute of Agricultural Sciences. 59 p.

5. ALFARO, RITA M.; MALAVASSI, LEDA y MURILLO, WILFRAN (1984): *Evaluación del sitio Lomas Barbudal, Bagaces, Guanacaste, propuesto como nueva área silvestre.* San José, Fundación de Parques Nacionales, 65 p.

6. ALVARADO, GUILLERMO E. (1984): *Aspectos petrológicos-geológicos de los volcanes y unidades lávicas del Cenozoico Superior de Costa Rica.* Tesis Lic. en Geología. San José, Universidad de Costa Rica. 183 p.

7. ALLEN, PAUL H. (1977): *The rain forests of Golfo Dulce.* Calif., Stanford, 417 p.

8. ARAYA, WALTER, *et al.* (1985): *Parque Nacional Braulio Carrillo; plan de educación ambiental e interpretación.* San José, Servicio de Parques Nacionales. 289 p.

9. BAKER, RICHARD G. (1984): *Notes on the flora of volcan Rincon de la Vieja, Costa Rica.* Brenesia 22:261-283.

10. BAKUS, GERALD J. (1975): *Marine zonation and ecology of Cocos Island, off Central America.* The Smithsonian Institution. Atoll Research Bulletin no. 179. 11 p.

11. BARQUERO, JORGE (1976): *El volcán Irazú y su actividad.* Heredia, Universidad Nacional. 63 p.

12. BARQUERO, JORGE (1983): *Termometría de la fumarola del volcán Poás.* Boletín de Vulcanología no. 13:11-12.

13. BARTELS, JEFFREY A. (1978): *A comparative phytosocial study on volcan Irazú.* San José, Associated Colleges of the Midwest. 61 p. (Informe de campo no publicado).

14. BERGOEING, JEAN y JIMENEZ, ROGELIO (1978): *Investigaciones geográficas en el sector Puerto Quepos-Manuel Antonio, Provincia de Puntarenas, Costa Rica.* Instituto Geográfico Nacional. Informe Semestral enero-junio, p. 29-44.

15. BERGOEING, JEAN (1982): *Geomorfología de algunos sectores de Costa Rica basada en la fotointerpretación de imágenes del satélite Landsat en la banda espectral Mss. 7.* Instituto Geográfico Nacional. Suplemento al volumen 28 del Informe Semestral julio-diciembre. 15 p.

16. BONOFF, M. B. y JANZEN, D. H. (1980): *Small terrestrial rodents in eleven habitats in Santa Rosa National Park, Costa Rica.* Brenesia 17:163-174.

17. BOZA, MARIO A. (1968): *Plan de manejo y desarrollo para el Parque Nacional Volcán Poás, Costa Rica.* Tesis Mag. Sc. Turrialba, Instituto Interamericano de Ciencias Agrícolas. 305 p.

18. BOZA, MARIO A. y MENDOZA, ROLANDO (1980): *Los parques nacionales de Costa Rica.* Madrid, INCAFO. 310 p.

19. BOZA, MARIO A. (1984): *Guía de los parques nacionales de Costa Rica.* San José, Fundación de Parques Nacionales. 128 p.

20. BOZA, MARIO A. (1987): *Costa Rica; parques nacionales.* Madrid, INCAFO. 112 p.

21. BRIGHT, DONALD B. (1966): *The land crabs of Costa Rica.* Revista de Biología Tropical 14(2):183-203.

22. BULLEN, VICTOR; BUCK, MICHAEL (1984): *Estero Tamarindo: éste es el momento para actuar.* San José, Organization for Tropical Studies. 21 p. (Documento interno de trabajo).

23. BUSSING, WILLIAM A. y LOPEZ, MYRNA I. (1977): *Distribución y aspectos ecológicos de los peces de las cuencas hidrográficas de Arenal, Bebedero y Tempisque, Costa Rica.* Revista de Biología Tropical 25(1):13-37.

24. BUSTOS, NURIA *et al.* (1986): *Plan de manejo de Hacienda Curú, Paquera, Puntarenas.* Heredia, Universidad Nacional. 166 p. (Informe de práctica).

25. CALVO, JOAQUIN B. (1909): *La Campaña Nacional contra los Filibusteros en 1856 y 1857.* San José, Tipografía Nacional. 67 p.

26. CARR, A. (1969): *Sea turtle resources of the Caribbean and the Gulf of Mexico.* IUCN Bulletin New Series 2(10):74-75, 83.

27. CARR, A.; CARR, M. y MEYLAN, A. B. (1978): *The ecology and migration of sea turtles, 7. The West Caribbean green turtle colony.* American Museum of National History. Bulletin 162(1):1-46.

28. CARR, A. (1984): *So excellent a fish.* New York, Charles Scribner's. 280 p.

29. CENTRO CIENTIFICO TROPICAL (1975): *Estudio sobre bases ecológicas y legales para establecer medidas de protección y control a los bosques y aguas de la zona de influencia de la carretera San José-Guápiles.* San José. 45 p.

30. CENTRO CIENTIFICO TROPICAL (1982): *Areas potenciales para la conservación de recursos naturales en Costa Rica.* San José. 310 p. (Informe final de consultoría).

31. CENTRO CIENTIFICO TROPICAL (1982): *El Parque Nacional Manuel Antonio; inventario biológico, terrestre y marino; estudio oceanográfico y diseño paisajista.* San José, p. irr. (Informe final de consultoría).

32. CIFUENTES, MIGUEL *et al.,* eds. (1983): *Reserva Biológica Carara, Costa Rica; plan de manejo y desarrollo.* Turrialba, Centro Agronómico Tropical de Investigación y Enseñanza. 160 p. (Mimeografiado).

33. CORNELIUS, STEPHEN E. (1986): *The sea turtles of Santa Rosa National Park.* San José, Fundación de Parques Nacionales. 64 p.

34. CORTES, JORGE, y RISK, MICHAEL J. (1984): *El arrecife coralino del Parque Nacional Cahuita, Costa Rica.* Revista de Biología Tropical 32(1): 109-121.

35. CORTES, JORGE, *et al.* (1984): *Organismos de los arrecifes coralinos de Costa Rica. I. Lista de corales pétreos (Cnidaria: Hydrozoa; Scleractinia) de la costa atlántica de Costa Rica.* Brenesia 22:57-59.

36. CORTES, JORGE, y RISK, MICHAEL J. (1985): *A reef under siltation stress: Cahuita, Costa Rica.* Bulletin of Marine Sciences 36 (2):339-356.

37. CORTES, JORGE, y GUZMAN, HECTOR M. (1985): *Arrecifes coralinos de la costa atlántica de Costa Rica.* Brenesia 23:275-292.

38. COSTA RICA. COMISION DE INVESTIGACIONES HISTORICAS DE LA

CAMPAÑA DE 1856-57 (1956): *Crónicas y comentarios.* San José, Imprenta Universal. 428 p.

39. COSTA RICA. DIRECCION DE GEOLOGIA, MINAS Y PETROLEO (1968): *Mapa geológico de Costa Rica.* San José, Instituto Geográfico Nacional. Esc. 1:700.000. Color.

40. COSTA RICA. INSTITUTO GEOGRAFICO (1963): *Reproducciones científicas: una expedición y legislación de la Isla del Coco.* San José. 126 p.

41. COSTA RICA. SERVICIO DE PARQUES NACIONALES (1974): *Parque Nacional Volcán Poás; plan maestro para la protección y uso.* San José. 59 p. (Documento técnico de trabajo número 10, Proyecto FAO).

42. CHERFAS, JEREMY (1986): *A Christmas catalogue from the tropics.* New Scientist, 112 (1539): 29-31.

43. CHERFAS, JEREMY (1987): *A tropical tree that travels by horse.* New Scientist 114 (1564): 46-52.

44. CHUBB, LAWRENCE J. (1933): *Geology of Galapagos, Cocos and Easter Islands.* Bernice P. Bishop Museum. Bulletin no. 110, p. 25-30.

45. DANIELS, GILBERT S. y STILES, F. GARY (1979): *The* Heliconia *taxa of Costa Rica; keys & descriptions.* Brenesia 15 (Supl.): 1-149.

46. DAVIS, L. IRBY (1972): *Birds of Mexico and Central America.* Texas, Texas Press. 282 p.

47. DEVRIES, PHILIP J. (1978): *An annotated list of the butterflies of Parque Nacional Corcovado during the dry season.* Brenesia 14-15:47-56.

48. DEVRIES, PHILIP J. (1987): *The butterflies of Costa Rica.* N. J., Princeton. 327 p.

49. DEXTER, DEBORAH M. (1974): *Sandy-beach fauna of the Pacific and Atlantic coasts of Costa Rica and Colombia.* Revista de Biología Tropical 22(1):51-66.

50. DIAZ, RICARDO, *et al.* (1984): *Parque Nacional Braulio Carrillo; plan general de manejo y desarrollo.* San José, Servicio de Parques Nacionales. 305 p.

51. DURHAM, J. W. (1966): *Coelenterates, especially stony corals, from the Galápagos and Cocos Islands.* In Bowman, R. I. The Galápagos. Calif., University of California press, p. 123-125.

52. ERDMAN, DONALD S. (1971): *Notes on fishes from the Gulf of Nicoya, Costa Rica.* Revista de Biología Tropical 19(1-2):59-71.

53. FERNANDEZ, JUAN A. (1986): *Isla Bolaños.* Periplo (España) 12(67):52-61.

54. FLEMING, THEODORE H. (1981): *Los mamíferos del Parque Nacional Santa Rosa.* San José, Universidad Estatal a Distancia. 13 p. (Mimeografiado).

55. FONSECA, OSCAR (1979): *Informe de la primera temporada de reexcavación de Guayabo de Turrialba.* Vínculos 5(1-2):35-52.

56. FONSECA, OSCAR (1981): *Guayabo de Turrialba and its significance.* In *Precolumbian Art of Costa Rica.* New York, Harry N. Abrams, p. 104-111.

57. FOURNIER, LUIS A. (1968): *Descripción preliminar de la vegetación de la Isla del Coco.* Instituto Geográfico Nacional. Informe Semestral enero-junio, p. 49-64.

58. FRANKIE, GORDON W. (1987): *A management plan for Lomas de Barbudal, Guanacaste, Costa Rica.* San José, Servicio de Parques Nacionales. p. irr. (Documento interno de trabajo.)

59. GAMBOA, CARLOS L. et. al. (1983): *Mapa de cobertura vegetal del Parque Nacional Braulio Carrillo.* Cartago, Instituto Tecnológico de Costa Rica. 150 p. (Informe de práctica de especialidad.)

60. GODOY, JUAN C.; MORALES, ROGER y MACFARLAND, CRAIG, eds.: *Plan general para el manejo y desarrollo del Monumento Natural Volcán Irazú.* Turrialba, Centro Agronómico Tropical de Investigación y Enseñanza. 159 p.

61. GOMEZ, LUIS D. (1975): *Contribuciones a la pteridología costarricense. VII. Pteridófitos de la Isla de Cocos.* Brenesia 6:33-48.

62. GOMEZ, LUIS D. (1976): *Contribuciones a la pteridología costarricense. X. Nuevos pteridófitos de la Isla de Cocos.* Brenesia 8:97-101.

63. GOMEZ, LUIS D. (1983): *The fungi of Cocos Island, Costa Rica. I.* Brenesia 21:355-364.

64. GOMEZ, LUIS D. (1984): *Las plantas acuáticas y anfibias de Costa Rica y Centroamérica.* San José, Universidad Estatal a Distancia. 430 p.

65. GOMEZ, LUIS D. (1986): *Vegetación de Costa Rica; apuntes para una biogeografía costarricense.* San José, Universidad Estatal a Distancia. 385 p.

66. GREENLER, R. A. (1982): *Selected aspects of the breeding biology of the magnificent frigatebird (Fregata magnificens) on Isla Bolaños, Costa Rica.* San José, Associated Colleges of the Midwest, 31 p. (Informe de campo no publicado.)

67. GUIDO, AGUSTIN (1935): *Expedición a la Isla del Coco.* Revista del Colegio Superior de Señoritas 2(4-5):17-24.

68. GUZMAN, HECTOR M. (1986): *Estructura de la comunidad arrecifal de la Isla del Caño, Costa Rica, y el efecto de perturbaciones naturales severas.* Tesis Mag. Sc. San José, Universidad de Costa Rica. 179 p.

69. HASS, HANS (1961): *Aventuras y exploraciones submarinas.* Madrid, Editorial Juventud, p. 185-198.

70. HEALY, J. (1969): *Notas sobre los volcanes de la Sierra Volcánica de Guanacaste, Costa Rica.* Instituto Geográfico Nacional. Informe Semestral enero-junio, p. 37-47.

71. HENDERSON, DAVID S. (1981): *Ornithological observations at Parque Nacional Volcán Poás.* San José, Associated Colleges of the Midwest. 18 p. (Informe de campo no publicado.)

72. HERTLEIN, L. G. (1963): *Contribution to the biogeography of Cocos Island, including a bibliography.* Proceedings of the California Academy of Sciences 32(8):219-289.

73. HIDALGO, VICTOR J., y MURILLO, OLMAN (1982): *Parque Nacional Rincón de la Vieja: información básica.* Cartago, Instituto Tecnológico de Costa Rica. p. irr. (Informe de práctica de especialidad.)

74. HOGUE, CHARLES L. (1972): *The armies of the ant.* New York, World Publishing. 234 p.

75. HOGUE, C. L. y MILLER, S. E. (1981): *Entomofauna of Cocos Island, Costa Rica.* The Smithsonian Institution. Atoll Research Bulletin no. 250. 33 p.

76. HOLDRIDGE, LESLIE R. (1951): *Informe silvícola sobre la Isla del Caño.* Suelo Tico no. 24:35-41.

77. HOLDRIDGE, LESLIE R. y POVEDA, LUIS J. (1975): *Arboles de Costa Rica.* San José, Centro Científico Tropical, v. 1, 546 p.

78. HUDNUT, KENNETH W. (1983): *Geophysical survey of Irazú Volcano.* B. A. Thesis. Hanover, Dartmouth College. 93 p.

79. HUGHES, DAVID A. (1976): *Ridley arribada.* Sea Frontiers 22(2):66-76.

80. HYPKI, CINDY *et al.* (1982): *Plan de interpretación y educación ambiental para el Parque Nacional Manuel Antonio, Quepos, Costa Rica.* Turrialba, Centro Agronómico Tropical de Investigación y Enseñanza. 187 p.

81. JANZEN, DANIEL H. (1974): *Swollen-thorn acacias of Central America.* Smithsonian Contributions to Botany no. 13:1-131.

82. JANZEN, DANIEL H., y LIESNER, RONALD (1980): *Annotated check-list of plants of lowland Guanacaste Province, Costa Rica, exclusive of grasses and non-vascular cryptogams.* Brenesia 18:15-90.

83. JANZEN, DANIEL H. (1980): *Use of Santa Rosa National park and Corcovado National Park, Costa Rica, by biologists.* Philadelphia, University of Pennsylvania. 29 p. (Mimeografiado).

84. JANZEN, DANIEL H. (1981): *Reduction in euglossine bee species richness on Isla del Caño, a Costa Rican offshore island.* Biotropica 13(3):238-240.

85. JANZEN, DANIEL H. (1982): *Guía para la identificación de mariposas nocturnas de la familia Saturniidae del Parque Nacional Santa Rosa, Guanacaste, Costa Rica,* Brenesia 19-20:255-299.

86. JANZEN, DANIEL H., y MARTIN, PAUL S. (1982): *Neotropical anachronisms: the fruits the gomphotheres ate.* Science 215:19-27.

87. JANZEN, DANIEL H., ed. (1983): *Costa Rican natural history.* Chicago, Chicago Press. 816 p.

88. JANZEN, DANIEL H. (1983): *Dispersal of seeds by vertebrate guts.* In *Futuyma, D. J. & Slatkin, M., eds. Coevolution.* Massachusetts, Sinauer, p. 232-262.

89. JANZEN, DANIEL H. (1983): *No park is an island: increase in interference from outside as park size decreases.* Oikos 41:402-410.

90. JANZEN, DANIEL H. (1986): *Guanacaste National Park: tropical ecological and cultural restoration.* San José, Universidad Estatal a Distancia. 103 p.

91. JANZEN, DANIEL H. (1988): *Comunicación personal.* San José, Fundación de Parques Nacionales.

92. KEEN, A. MYRA (1971): *Sea shells of Tropical West America.* Calif., Stanford. 1.064 p.

93. KOHKEMPER, MAINRAD (1968): *Historia de las ascensiones al macizo del Chirripó.* San José, Instituto Geográfico Nacional. 119 p.

94. KOSEK, A. (1982): *Some aspects of the breeding biology of the brown pelican (Pelecanus occidentalis) on Isla Bolaños, Costa Rica.* San José, Associated Colleges of the Midwest. 37 p. (Informe de campo no publicado.)

95. KRONICK, JAY. (1978): *A study of vegetational differences within the crater of Volcan Irazú, Costa Rica.* San José, Associated Colleges of the Midwest. 72 p. (Informe de campo no publicado.)

96. LEBER, K. K. (1980): *Habitat utilization in a tropical heronry.* Brenesia 17:97-136.

97. LEMIEUX, GILLES (1969): *Oportunidades para el desarrollo turístico del litoral Atlántico al sur de Puerto Limón, Costa Rica.* Tesis Mag. Sc. Turrialba, Instituto Interamericano de Ciencias Agrícolas. 197 p.

98. LESSEM, DON (1986): *From bugs to boas, Dan Janzen bags the rich coast's life.* Smithsonian 17(9):110-119.

99. LEW, LAURENCE R. (1983): *The geology of the Osa Peninsula, Costa Rica.*

100. M. S. Thesis. The Pennsylvania State University. 128 p.

100. LIEVRE, D. (1962): *Una isla desierta en el Pacífico; la Isla del Coco (América).* In *Los viajes de Cockburn y Lievre por Costa Rica.* San José, Editorial Costa Rica, p. 97-134.

101. MACEY, ANNE (1975): *The vegetation of Volcan Poás National Park, Costa Rica.* Revista de Biología Tropical 23(2):230-255.

102. MADRIGAL, RODOLFO, y ROJAS, ELENA (1980): *Manual descriptivo del mapa geomorfológico de Costa Rica.* San José, Secretaría Ejecutiva de Planificación Sectorial Agropecuaria y de Recursos Naturales Renovables. 79 p.

103. MADRIGAL, RODOLFO (1982): *Geología de Santa Rosa.* San José, Universidad Estatal a Distancia. 56 p.

104. MALAVASSI, EDUARDO (1982): *Nota geológica y petrológica de la Isla del Coco.* Heredia, Universidad Nacional, Escuela de Ciencias Geográficas. 8 p.

105. MASLOW, JONATHAN (1987): *Doctor dry-forest.* BBC Wildlife 15(12): 630-636.

106. MCGHIE, JULIET A. (1987): *Reclaiming a natural legacy.* The Lamp 69(1):20-23.

107. MCLARNEY, WILLIAM O. (1988): *Guanacaste: the dawn of a park.* The Nature Conservancy Magazine 38(1):11-15.

108. MILLER, KENTON R., y BORSTEL, KEITH R. VON (1968): *Proyecto Parque Nacional Histórico Santa Rosa, Guanacaste, Costa Rica.* Turrialba, Instituto Interamericano de Ciencias Agrícolas. 76 p. (Informe técnico del Acuerdo de Cooperación ICT-IICA).

109. MOLINA, HELENA, *et al.* (1984): *Observaciones preliminares sobre perezosos (Bradypus griseus y Choloepus hoffmanni) en el sector Sacramento, Parque Nacional Braulio Carrillo, Costa Rica.* San José, Universidad de Costa Rica. 13 p. (Informe de campo no publicado.)

110. MOLINA, MARIA A., y VIQUEZ, MANUEL (1984): *Estudio de la vegetación arbórea del Parque Nacional Tortuguero basado en asociaciones ecológicas.* Cartago, Instituto Tecnológico de Costa Rica. (Informe de práctica de especialidad.)

111. MONTOYA, MICHEL (1983): *Los moluscos marinos de la Isla del Coco, Costa Rica. I. Lista anotada de especies.* Brenesia 21:325-353.

112. MORA, JOSE M., y MOREIRA, ILEANA (1984): *Mamíferos de Costa Rica.* San José, Universidad Estatal a Distancia. 175 p.

113. MORA, SERGIO (1981): *Barra Honda.* San José, Universidad Estatal a Distancia, 94 p.

114. MYERS, RONALD L. (1981): *The ecology of low diversity palm swamps near Tortuguero, Costa Rica.* Ph. D. Thesis. Gainesville, University of Florida. 300 p.

115. NORDLIE, FRANK G. y KELSO, DONALD P. (1975): *Trophic relationship in a tropical estuary.* Revista de Biología Tropical 23(1):77-99.

116. NUHN, H., *et al.* (1967): *Estudio geográfico regional; zona atlántica norte de Costa Rica.* San José, Instituto de Tierras y Colonización. 360 p.

117. PANIAGUA, SERGIO (1985): *Características geológicas-petrográficas de los volcanes de la cordillera Central y sumario de sus actividades.* Brenesia, 23:43-95.

118. PETRETTI, ALESSIO (1986): *La terra dei parchi.* Oasis 2(6):28-61.

119. PHILLIPS, PETER C., y PEREZ-CRUET, MIKIE J. (1984): *A comparative survey of reef fishes in Caribbean and Pacific Costa Rica.* Revista de Biología Tropical 32(1):95-102.

120. PITTIER, HENRI (1899): *Apuntamientos preliminares sobre la Isla de Cocos, posesión costarricense en el océano Pacífico.* Memoria de Fomento Presentada al Congreso Constitucional de 1899. p. 141-153.

121. PROSER, JEROME T. (1983): *The geology of Poás volcano, Costa Rica.* M. A. Thesis. Hanover, Dartmouth College. 165 p.

122. RICHARD, J. D., y HUGHES, D. A. (1972): *Some observations of sea turtle nesting activity in Costa Rica.* Marine Biology 16:297-309.

123. RISK, M.; MURILLO, M. M., y CORTES, J. (1980): *Observaciones biológicas preliminares sobre el arrecife coralino en el Parque Nacional de Cahuita, Costa Rica.* Revista de Biología Tropical 28(2):361-382.

124. ROJAS, MARIO, *et al.* (1983): *Plan general de manejo y desarrollo del Parque Nacional Manuel Antonio, Costa Rica.* Turrialba, Centro Agronómico Tropical de Investigación y Enseñanza. 148 p.

125. ROJAS, OVIDIO, W. (1964): *Informe general de las observaciones realizadas en la Isla del Coco.* Instituto Geográfico de Costa Rica. Informe Semestral enero-junio, p. 189-194.

126. RUDIN, J. *et al.* (1910): *Gran erupción de cenizas del volcán Poás.* In González, Cleto. Temblores, terremotos, inundaciones y erupciones volcánicas en Costa Rica. San José, Tipografía Alsina, p. 114-122.

127. SALGUERO, MIGUEL (1985): *Viaje a la laguna de Corcovado.* Gentes y Paisajes no. 29:57-59.

128. SANCHEZ, PABLO E. (1983): *Flórula del Parque Nacional Cahuita.* San José, Universidad Estatal a Distancia. 377 p.

129. SAPPER, K. (1925): *Los volcanes de la América Central.* Halle, Max Niemeyer, 144 p.

130. SAPPER, K. (1942): *Viajes a varias partes de la República de Costa Rica: 1899 y 1924.* San José, Imprenta Universal, 140 p.

131. SAVAGE, JAY M., y HEYER, W. RONALD (1969): *The tree-frogs (Family Hylidae) of Costa Rica: diagnosis and distribution.* Revista de Biología Tropical 16(1):1-127.

132. SAVAGE, JAY M., y VILLA, JAIME (1986): *Introduction to the herpetofauna of Costa Rica.* Ohio, Society for the Study of Amphibians and Reptiles. 207 p.

133. SIMMONS, JAMES C. (1984): *Cocos Island; where the buried treasure stays buried.* Oceans 17(2):28-31.

134. SKUTCH, ALEXANDER (1972): *Some noteworthy birds of Nosara.* Pan American Naturalist 2(1):2-6.

135. SLUD, PAUL (1964): *The birds of Costa Rica.* American Museum of Natural History. Bulletin 128:1-430.

136. SLUD, PAUL (1967): *The birds of Cocos Island.* American Museum of Natural History. Bulletin 134:261-296.

137. SLUD, PAUL (1980): *The birds of Hacienda Palo Verde, Guanacaste, Costa Rica.* Washington, D. C., Smithsonian, 92 p.

138. STILES, F. GARY (1979): *Notes on the natural history of* Heliconia *(Musacea) in Costa Rica.* Brenesia 15 (supl.):151-180.

139. STILES, F. GARY, y SMITH, SUSAN M. (1980): *Notes on bird distribution in Costa Rica.* Brenesia 17:137-156.

140. STILES, F. GARY (1982): *Taxonomic and distributional notes on Costa Rican* Heliconia *(Musacea). II: Parque Nacional Braulio Carrillo, Cordillera Central.* Brenesia 19-20:221-230.

141. TORRES, HERNAN, y HURTADO DE MENDOZA, LUIS, eds. (1987): *Parque Internacional de la Amistad; plan general de manejo y desarrollo.* Turrialba, Centro Agronómico Tropical de Investigación y Enseñanza, 280 p.

142. TORRES, HERNAN, y HURTADO DE MENDOZA, LUIS, eds. (1988): *Parque Nacional Corcovado; plan general de manejo y desarrollo.* San José, Fundación de Parques Nacionales, 407 p.

143. TORRES, HERNAN, y HURTADO DE MENDOZA, LUIS, eds. (1988): *Reserva Biológica Isla del Caño; plan maestro.* San José, Fundación de Parques Nacionales, 52 p.

144. VALERIO, CARLOS E. (1980): *Historia natural de Costa Rica.* San José, Universidad Estatal a Distancia. 152 p.

145. VALLDEPERAS, CARLOS, y SOLANO, MARCO A. (1981): *Monumento Nacional Guayabo; guía y reseña arqueológica.* San José, Ministerio de Cultura, Juventud y Deportes. 14 p.

146. VAUGHAN, CHRISTOPHER (1981): *Parque Nacional Corcovado; plan de manejo y desarrollo.* Heredia, Universidad Nacional. 364 p.

147. VAUGHAN, CHRISTOPHER *et al.* (1982): *Refugio de Fauna Silvestre Rafael Lucas Rodríguez Caballero (Palo Verde); plan de manejo y desarrollo.* Heredia, Universidad Nacional. 272 p.

148. VILLALOBOS, CARLOS (1982): *Animales y plantas comunes de las costas de Costa Rica.* San José, Universidad Estatal a Distancia. 147 p.

149. WEBER, HANS (1959): *Los páramos de Costa Rica y su concatenación fitogeográfica con los Andes Suramericanos.* San José, Instituto Geográfico de Costa Rica. 67 p.

150. WELLINGTON, G. M. (1974): *An ecological description of the marine and associated environments at Monumento Nacional Cahuita.* San José, Subdirección de Parques Nacionales. 81 p. (Documento interno de trabajo.)

151. WELLINGTON, G. M. (1974): *The benthic flora of punta Cahuita: an annotated list of species with new additions to the Costa Rican Atlantic flora.* Brenesia 3:19-30.

152. WELLS, S. (1974): *Report on the reconnaisance of the Cerros Barra Honda karst, Costa Rica.* San José, Subdirección de Parques Nacionales. (Documento interno de trabajo.)

153. WESTON, J. C. (1967): *El fantástico panorama submarino de la Isla del Coco.* Asociación de Amigos del Museo Nacional de Costa Rica. Boletín no. 31. 11 p.

154. WEYL, R. (1955): *Vestigios de una glaciación del Pleistoceno en la cordillera de Talamanca, Costa Rica.* Instituto Geográfico de Costa Rica. Informe Trimestral julio-septiembre, p. 9-32.

155. WEYL, R. (1956): *Excursiones geológicas en Costa Rica; los volcanes de la cordillera Central.* Instituto Geográfico de Costa Rica. Informe Trimestral octubre-diciembre, p. 10-28.

156. WEYL, R. (1956): *Excursiones geológicas en Costa Rica; el Valle Central.* Ins-

tituto Geográfico de Costa Rica. Informe Trimestral oct.-dic., p. 29-44.

157. WEYL, R. (1957): *Contribución a la geología de la cordillera de Talamanca, Costa Rica.* San José, Instituto Geográfico de Costa Rica. 77 p.

158. WEYL, R. (1957): *Vestigios de los glaciares del Pleistoceno en la Cordillera de Talamanca.* Instituto Geográfico de Costa Rica. Informe Trimestral enero-marzo, p. 36-53.

159. WILLE, ALVARO (1983): *Corcovado; meditaciones de un biólogo.* San José, Universidad Estatal a Distancia. 230 p.

160. WILLIAMS, H. (1952): *Volcanic history of the Meseta Central occidental, Costa Rica.* University of California. Publications in Geological Sciences 29(4):145-180.

161. WILLIAMS, KEITH D. (1984): *The Central American tapir* (Tapirus bairdii *Gill) in Northwestern Costa Rica.* Ph. D. Thesis. East Lansing, Michigan State University. 84 p.

162. WINEMILLER, KIRK O. (1983): *An introduction to the freshwater fish communities of Corcovado National Park, Costa Rica.* Brenesia 21:47-66.

Relación de Fotógrafos

List of Photographers

Pág. 13: Juan Antonio Fernández y Covadonga de Noriega/Incafo; pag. 16: J. A. Férnandez y C. de Noriega/Incafo; pág. 17: J. A. Fernández y C. de Noriega/Incafo; pág. 18: J. A. Fernández y C. de Noriega/Incafo; pág. 19: J. A. Fernández y C. de Noriega/Incafo; pág. 21: J. M. Barrs/Incafo; pág. 24: J. M. Barrs/Incafo; pág. 25: Jorge y Jaime Blassi/Incafo; pág. 26: J. A. Fernández y C. de Noriega/Incafo; pág. 27: Michael y Patricia Fogden; José Luis González Grande/Incafo; David Hughes; pág. 28: J. y J. Blassi/Incafo; pág. 29: Luis Blas Aritio/Incafo; J. y J. Blassi/Incafo; pág. 30: A. Newman; pág. 31: J. y J. Blassi/Incafo; pág. 33: J. A. Fernández y C. de Noriega/Incafo; pág. 36: J. A. Fernández y C. de Noriega/Incafo; pág. 37: L. Blas Aritio/Incafo; J. A. Fernández y C. de Noriega/Incafo; pág. 38: Gordon Frankie; pág. 39: G. Frankie; pág. 40: J. M. Barrs/Incafo; pág. 44: J. M. Barrs/Incafo; pág. 45: J. M. Barrs/Incafo; pág. 46: J. A. Fernández y C. de Noriega/Incafo; pág. 47: J. A. Fernández y C. de Noriega/Incafo; pág. 49: J. Abaurre/Incafo; L. Blas Aritio/Incafo; pág. 52: L. Blas Aritio/Incafo; pág. 53: L. Blas Aritio/Incafo; pág. 55: Santiago Saavedra/Incafo; pág. 58: Mario A. Boza; pág. 59: J. L. González Grande/Incafo; S. Saavedra/Incafo; pág. 61: J. A. Fernández y C. de Noriega/Incafo; pág. 64: J. A. Fernández y C. de Noriega/Incafo; pág. 65: J. A. Fernández y C. de Noriega/Incafo; pág. 67: J. A. Fernández y C. de Noriega/Incafo; pág. 70: J. A. Fernández y C. de Noriega/Incafo; J. y J. Blassi/Incafo;

J. M. Barrs/Incafo; pág. 71: J. y J. Blassi/Incafo; pág. 73: J. A. Fernández y C. de Noriega/Incafo; pág. 76: J. A. Fernández y C. de Noriega/Incafo; pág. 77: J. A. Fernández y C. de Noriega/Incafo; pág. 78: J. A. Fernández y C. de Noriega/Incafo; pág. 79:J. A. Fernández y C. de Noriega/Incafo; pág. 80: S. E. Cornelius; J. Abaurre/Incafo; pág. 81:J. A. Fernández y C. de Noriega/Incafo; pág. 82: J. Andrada y J. A. Fernández /Incafo; pág. 86: J. A. Fernández y C. de Noriega/Incafo; J. L. González Grande/Incafo; pág. 87: J. M. Barrs/Incafo; pág. 89: J. A. Fernández y C. de Noriega/Incafo; pág. 92: J. A. Fernández y C. de Noriega/Incafo; pág. 93: J. A. Fernández y C. de Noriega/Incafo; L. Blas aritio/Incafo; pág. 94: J. A. Fernández y C. de Noriega/Incafo; pág. 95: L. Blas Aritio/Incafo; pág. 96: J. y J. Blassi/Incafo; L. Blas Aritio/Incafo; pág. 97: J. A. Fernández y C. de Noriega/Incafo; L. Blas Aritio/Incafo; pág. 99: J. A. Fernández y C. de Noriega/Incafo; pág. 102: J. y J. Blassi/Incafo; pág. 103: J. y J. Blassi/Incafo; pág. 104: J. A. Fernández y C. de Noriega/Incafo; pág. 105: J. A. Fernández y C. de Noriega/Incafo; pág. 106: J. y J. Blassi/Incafo; J. M. Barrs/Incafo; pág. 107: J. A. Fernández y C. de Noriega/Incafo; pág. 109: J. y J. Blassi/Incafo; pág. 112: J. y J. Blassi/Incafo; pág. 113: J. y J. Blassi/Incafo; L. Blas Aritio/Incafo; pág. 114: J. y J. Blassi/Incafo; J. L. González Grande/Incafo; pág. 115: J. y J. Blassi/Incafo; pág. 117: J. y J. Blassi/Incafo; pág. 120: J. A. Fernández y C. de Noriega/Incafo; J. y J. Blassi/Incafo; pág. 121: J. A. Fernández y C. de Noriega/Incafo; pág. 123: Patricia Morton; pág. 126: J. A. Fernández y C. de Noriega/Incafo; P. Morton; pág. 127: J. A. Fernández y C. de Noriega/Incafo; Hugo Geiger/Incafo; pág. 129: J. y J. Blassi/Incafo; pág. 132: J. y J. Blassi/Incafo; pág. 133: J. y J. Blassi/Incafo; pág. 134: J. L. González Grande/Incafo; C. Rivero Blanco; pág. 135: M. y P. Fogden; pág. 136: J. y J. Blassi/Incafo; pág. 137: J. M. Barrs y J. Blassi/Incafo; pág. 138: J. M. Barrs/Incafo; J. y J. Blassi/Incafo; pág. 139: J. y J. Blassi/Incafo; C. Rivero Blanco; pág. 140: J. M. Barrs/Incafo; pág. 144: J. M. Barrs/Incafo; pág. 145: J. M. Barrs/Incafo; pág. 147: J. A. Fernández y C. de Noriega/Incafo; pág. 150: J. Abaurre/Incafo; pág. 151: J. A. Fernández y C. de Noriega/Incafo; pág. 152: J. M. Barrs/Incafo; J. A. Fernández y C. de Noriega/Incafo; pág. 153: J. M. Barrs/Incafo; pág. 154: J. y J. Blassi/Incafo; pág. 155: J. A. Fernández y C. de Noriega/Incafo; pág. 157: J. y J. Blassi/Incafo; pág. 160: C. Rivero Blanco; pág. 161: C. Rivero Blanco; J. L. González Grande/Incafo; pág. 162: J. y J. Blassi/Incafo; pág. 163: J. y J. Blassi/Incafo; M. A. Boza; pág. 164: J. y J. Blassi/Incafo; pág. 165: J. y J. Blassi/Incafo; pág. 167: J. y J. Blassi/Incafo; pág. 169: J. A. Fernández y C. de Noriega/Incafo; pág. 172: J. M. Barrs/Incafo; pág. 173: M. y P. Fogden; pág. 174: J. A. Fernández y C. de Noriega/Incafo; J. M. Barrs/Incafo; pág. 175: J. M. Barrs/Incafo; pág. 177; J. A. Fernández y C. de Noriega/Incafo; pág. 180: J. A. Fernández y C. de Noriega/Incafo; pág. 181: J. M. Barrs/Incafo; J. A. Fernández y C. de Noriega/Incafo; pág. 182: J. A. Fernández y C. de Noriega/Incafo; pág. 183: J. M. Barrs/Incafo; pág. 185: J. y J. Blassi/Incafo; pág. 188: J. y J. Blassi/Incafo; pág. 189: J. y J. Blassi/Incafo; pág. 190: J. y J. Blassi/Incafo; pág. 191: J. y J. Blassi/Incafo; pág. 193: J. A. Fernández y C. de Noriega/Incafo; pág. 196: J. A. Fernández y C. de Noriega/Incafo; pág. 197: J. A. Fernández y C. de Noriega/Incafo; pág. 198: J. A. Fernández y C. de Noriega/Incafo; pág. 199: J. A. Fernández y C. de Noriega/Incafo; pág. 201: J. A. Fernández y C. de Noriega/Incafo; pág. 204: J. M. Barrs/Incafo; pág. 205: J. Andrada y J. A. Fernández/Incafo; pág. 206: J. A. Fernández y C. de Noriega/Incafo; pág. 207: J. Andrada y J. A. Fernández/Incafo; J. A. Fernández y C. de Noriega/Incafo; pág. 208: J. A. Fernández y C. de Noriega/Incafo; J. y J. Blassi/Incafo; pág. 209: J. y J. Blassi/Incafo; pág. 210: J. A. Fernández y C. de Noriega/Incafo; pág. 211: J. A. Fernández y C. de Noriega/Incafo; pág. 213: J. M. Barrs/Incafo; pág. 216: J. M. Barrs/Incafo; pág. 217: J. M. Barrs/Incafo; pág. 218: J. M. Barrs/Incafo; pág. 219: J. M. Barrs/Incafo; pág. 221: J. A. Fernández y C. de Noriega/Incafo; pág. 224: J. A. Fernández y C. de Noriega/Incafo; pág. 225: J. A. Fernández y C. de Noriega/Incafo; pág. 226: J. A. Fernández y C. de Noriega/Incafo; pág. 227: J. A. Fernández y C. de Noriega/Incafo; pág. 229: J. A. Fernández y C. de Noriega/Incafo; pág. 232: J. A. Fernández y C. de Noriega/Incafo; J. Andrada y J. A. Fernández/Incafo; pág. 233: J. A. Fernández y C. de Noriega/Incafo; pág. 234: J. A. Fernández y C. de Noriega/Incafo; pág. 235: J. A. Fernández y C. de Noriega/Incafo; pág. 237: J. y J. Blassi/Incafo; pág. 240: J. y J. Blassi/Incafo; J. M. Barrs/Incafo; pág. 241: J. M. Barrs/Incafo; pág. 242: J. A. Fernández y C. de Noriega/Incafo; pág. 243: J. M. Barrs/Incafo; J. Abaurre/Incafo; M. A. Boza; pág. 244: J. Hanken y Bruce Coleman; J. y J. Blassi/Incafo; pág. 245: J. y J. Blassi/Incafo; pág. 247: H. Geiger/Incafo; pág. 250: H. Geiger/Incafo; pág. 251: H. Geiger/Incafo; J. Abaurre/Incafo; pág. 252: J. y J. Blassi/Incafo; pág. 253: J. y J. Blassi/Incafo; pág. 254: J. y J. Blassi/Incafo; pág. 255: J. y J. Blassi/Incafo; pág. 257: J. A. Fernández y C. de Noriega/Incafo; pág. 260: J. A. Fernández y C. de Noriega/Incafo; pág. 261: J. A. Fernández y C. de Noriega/Incafo; pág. 262: J. A. Fernández y C. de Noriega/Incafo; M. y P. Fogden; pág. 263: J. Andrada y J. A. Fernández/Incafo.

El sábado
día 20 de agosto de 1988,
festividad de los santos
Bernardo, Lucio y Samuel,
terminóse de imprimir
este libro
en los talleres de
Industrias Gráficas Alvi.